儿童对话：
有意义的生长

张燕 主编

东南大学出版社
·南京·

图书在版编目（CIP）数据

儿童对话：有意义的生长 / 张燕主编 .-- 南京：东南大学出版社，2023.12

ISBN 978-7-5766-1010-9

Ⅰ.①儿… Ⅱ.①张… Ⅲ.①小学教育－研究 Ⅳ.①G62

中国国家版本馆 CIP 数据核字（2023）第 241451 号

责任编辑：唐　允　责任校对：子雪莲
封面设计：观止堂＿未　氓　责任印制：周荣虎

儿童对话：有意义的生长
ERTONG DUIHUA: YOU YIYI DE SHENGZHANG

著　　者：	张　燕
出版发行：	东南大学出版社
出 版 人：	白云飞
社　　址：	南京四牌楼 2 号　邮编：210096
网　　址：	http://www.seupress.com
电子邮件：	press@seupress.com
经　　销：	全国各地新华书店
印　　刷：	南京迅驰彩色印刷有限公司
开　　本：	787mm×1092mm　1/16
印　　张：	15.25
字　　数：	200 千
版　　次：	2023 年 12 月第 1 版
印　　次：	2023 年 12 月第 1 次印刷
书　　号：	ISBN 978-7-5766-1010-9
定　　价：	68.00 元

本社图书若有印装质量问题，请直接与营销部调换。电话（传真）：025-83791830

序：在对话中充盈儿童的生命

银城小学已经进行了二十多年的儿童对话教育探索，儿童对话既是深刻的教育哲学，又是生动活泼的教育实践。今天他们再一次展开儿童作为对话者的思考，再一次回到儿童的世界，再一次研究他们熟悉得不能再熟悉的儿童。恰恰就是在对熟悉的探询中，儿童的形象以一种更加迷人的样子感动着他们，也感动着我们，把我们内心中埋藏的美好激发出来。为什么会让人感动呢？因为这种儿童研究本身就是一种无比真诚的对话，是对教育初心的回望，藉此他们进入了儿童世界，这意味着银城小学永远在令人向往的发展之路上、在理想的照耀下创造一所属于儿童的学校。

一、再次确认儿童对话者身份

关于儿童是什么，可能有无数的定义，儿童是诗人，儿童是哲学家，儿童是艺术家，儿童可以是……对于银城小学来说，儿童是"天生的

对话者"。"是什么"意味着对身份的确认,更意味着找到了教育的逻辑起点和价值原点。赫舍尔说:"一个人接受什么样的定义,意味着他以什么样的方式确定自己的身份,意味着他拿一面镜子来端详自己的面孔。"当我们把儿童当作"天生的对话者"时,教育必须发生天翻地覆的变化,机械传递、简单讲授、盲目训练必须被我们抛弃。倾听、交流、共享成为银城小学的教育生活主题,他们陪儿童一起重新塑造他们的身份,特别强调"对话可以建立一种平等、真诚、尊重、信任、自由、民主的交往关系"。当儿童的身份得到重塑,教师的身份也随着发生了变化,每个教师心中都住着一个儿童,儿童也更加敬仰可亲可爱的人师,正所谓"亲其师,信其道",最终的目的正如书名中所揭示的,实现了"有意义的生长"。

二、建构共同成长的生命空间

人是复数性的存在,人的伟大也就在于群体性的相互依存。所以,钱穆先生才说:"己之为生,仅限一时。而群之存在,则延于万世。己在群中乃有立达。苟使无群,己于何立,己于何达。"没有群体性的相互支持,人不仅相当弱小,更是无力抵御外部世界的侵扰,甚至可能失去了存在下去的可能。银城小学充分认识到了对话是群体存在的必要条件,"对话的交流就像河流的交汇,你的涓涓细流,我的汹涌澎湃,融合的刹那,激发了新的力量",我理解他们说的这一"新的力量"就是对话之后的生命共生，是新的教育意义的呈现，这一力量就是对话本身的力量。正是在对话中，教师、学生、家长进行着平等交互，真正走进了"你与我"的世界，并形成了一种宽松而快乐的教育文化，这种文化本身就体现了对话哲学的价值追求，一种充满阳光的敞亮生活从此被打开了，师生一起踏上了迷人的教育旅程。

三、在丰富的交往中自由呼吸

在今天这个追求个性和个体的世界，人们急于摆脱他人的束缚，尽情展示着自我的价值，但是，个体真的不需要他人吗？只有把所有人排除在外才能实现自我吗？韩裔德国哲学家韩炳哲提醒我们："'自由'原本意味着'于朋友处'。自由和友谊在印度日耳曼语中也拥有同样的词源。自由木质上是一个表达关系的词汇。实际上，只有在和谐幸福的共同关系中，我们才能感知到自由。"真正的自由是与他人和谐相处，理解了他人才能理解自由的本质所在，才能实现让人惊叹的创造，某种意义上对话就是让个体自由地生长。银成小学尝试着"从'大理论'走向'小实践'，在教学中开展'银铃话吧'。话吧即为孩子们搭建畅所欲言的平台，让孩子就话题展开演讲、讨论和点评，创设属于孩子们的微时空。"毫无疑问，对话是理解他人的重要手段，也是获得自由的重要手段，每个人都在对话中发现了真正的自己，进而从狭隘的自我中解放出来，个人的价值在群体中得到了最完美的释放，

共同描画更加灿烂的未来生活。

四、找到育人方式的变革之道

对话不仅是一种重要的哲学概念，更是一种重要的实践方式。当代哲学家赵汀阳说："道意味着一切存在的有效运作方式，其焦点落在'运作'而不在'事物'上，关注的是可能性而不是实存性。在这个意义上，道的形而上学与其说是存在论或知识论，还不如说是方法论。"从这个视角来说，"方式"就是实践之"道"，因此，我们必须认识到"对话"就是一种重要的方式，是银城小学育人方式变革之"道"。对话让教育充满了吸引力，让苏格拉底、孔子的循循善诱成为可能，让可爱的错误、神奇的想法成为可能，让我们再次思考教师如何生动活泼地教和学生如何生动活泼地学，这是需要认真思考的时代命题。银城小学恰恰就在探索"在基础模式及学科变式的育人实践中，创生了具体的、趣味的、操作性中的儿童'学'的方式"，努力实现学习方式变革的新突破，让儿童喜欢上学习、爱上学习，最终使学习成为学生的内在需求。

张晓东
江苏省教育科学研究院 博士、研究员

Contents 目录

天生的对话者

从牙牙学语谈起 / 李倩倩　　　　　　　　　　003

儿童眼中的对话 / 梁萌萌　黄　婷　　　　　　007

一天 40000 个词 / 白　雪　　　　　　　　　　011

学会对话，你就赢了世界 / 陈牧云　　　　　　014

"儿童对话"关键词 / 梁萌萌　陈牧云　　　　　019

教室里的对话

王老师与孩子们的对话 / 王金涛　　　　　　　025

课堂对话 20 例　　　　　　　　　　　　　　030

　01 具身对话 / 王金涛　冯凯馨　　　　　　　030

　02 风暴对话 / 李　璐　姜　珊　　　　　　　032

　03 框架对话 / 童丽丹　徐惟乐　　　　　　　034

　04 逆向对话 / 冯凯馨　王金涛　　　　　　　036

　05 求异对话 / 谢　榕　左　烨　　　　　　　038

　06 容错对话 / 胡红丽　艾　欣　　　　　　　040

　07 图文对话 / 杜　丹　丁晶晶　　　　　　　042

　08 肢体对话 / 蒋志强　蒋金奎　　　　　　　044

001

09 辩证对话 / 包玉敏　李竹艳	**046**
10 猜想对话 / 唐　丽　谈燕燕	**048**
11 阶梯对话 / 江　云　汪莹滢	**050**
12 审美对话 / 张雪莲　孙永将	**052**
13 实操对话 / 殷莹莹　陈青清	**054**
14 通感对话 / 耿继勤　赵　静	**056**
15 图示对话 / 梁　辰　包玉敏	**058**
16 整理对话 / 严巧华　吴俱杨	**060**
17 空间对话 / 尤晓婵　郭　冬	**062**
18 批注对话 / 姚梦圆　赵忠嫒	**064**
19 网络对话 / 周起泽　许　玥	**066**
20 现场对话 / 罗玛丽　陈　馨	**068**
学科间的对话 / 金长宝	**070**
我们的语文馆 / 李　敏	**079**

不可忽略的对话

英语创编剧《丝绸之路》的故事 / 高倩文	**087**
春之声 / 徐　萍	**091**
旋律的想象 / 赵　静	**095**
听"小哨子"说说话 / 朱雨灏	**098**
《空气占据空间》的延续 / 陈　馨	**102**
一份班级公约的诞生 / 赵治军	**105**
小意外引发大讨论 / 尤晓婵	**109**
穿越人工智能之门 / 薛元虎	**112**
亲子对话录 / 黄　茜	**115**

目 录

我要好好说话

银铃话吧三分钟 / 王 婷　　125

学会讲重点 / 刘艳霞　　130

用工具说话 / 许春银　　134

对话小技巧　　141

张友萍（听话：请记住1、2、3）　　142

王晓薇（讲话：讲有悬念的开场白）　　144

郭冬（传话："拷贝"不走样）　　145

姚梦圆（接话：语气词的妙用）　　146

郑媛媛（插话：见缝插针抓"空档"）　　147

郑媛媛（搭话："没话找话"也可以）　　148

郑媛媛（问话：多用开放式问题）　　150

潘蕾（答话：先为别人点个赞）　　151

赵苇（谈话：如果我是你）　　152

马方英（会话：有商也有量）　　153

童辨 / 王文婷　　154

我的对话故事

小鸭的日记 / 王绎善　　197

对话东坡先生 / 徐若宸　　199

问问南京城的风 / 王姝琳　　201

是你，让我没有停下脚步 / 夏含章　　203

ChatGPT之初体验 / 裴铭权　　205

与中国对话 / 于梓欣　　207

你好，旧时光！/ 杨抒窈	209
我与吟诗壁 / 王梓添	211
要不要妹妹，这是个问题 / 姜思齐	212
禹钦和讨喜 / 王禹钦	214
你好，开普勒 / 朱轩霆	216
当世界没有了对话 / 刘悦彤	218
笑与雪芹谈"红楼" / 陈汝姗	220
我眼中的色彩 / 邓睿宸	222
"昨天"爷爷 / 陈秋嘉	224
写给我未来的孩子 / 黄沁泽	226
遇见夫子 / 王梓琂	228
"我已无法返航，你们继续前进！" / 钱沐阳	230
扪心自问 / 杨子叶	231
后记：对话，成就"你"和"我" / 张　燕	233

01

天生的对话者

儿童是天生的对话者!

他们喜欢言说,喜欢追问,好像整日"叽叽喳喳""喋喋不休",你要问这是为什么,没有理由,就像小鸟喜欢唱歌一样,天性使然。

儿童与成人不同,他们用纯真的天性在对话!

你常常会看到这样的画面:一个儿童在与小动物、小草、小玩具说着悄悄话。看着他们呆萌的样子,你也许会忍俊不禁。但当你静心去听一听,就会发现他们的对话中有一个丰富而神奇的世界,有一种别样的情致和趣味。

"学习原本就是形形色色的对话"。儿童用"对话"打开自己的学习方式,不管是进入各样的视角用对话建构认知、提议和挑战,让感知变得最自然、最自在,还是在用敏锐的触角拂过知识的麦田,都迎风生长,麦浪滚滚。

对话,银城儿童的成长方式!

从牙牙学语谈起

李倩倩

海德格尔说：语言是存在的家，人就居住在这个家中。

人在语言中，人不可能离开语言而存在。语言对于人，就像它生息于其上的大地，就像它须臾不可或离的家园。

从婴儿的牙牙学语，到能清楚地说话，到有理解、有意义的交流，再到有自己独特思想的表达，可以这样说，语言的发展过程，就是一个人成长的过程，就是他认识世界、实现自我的过程。

学话

有研究表明，父母自小孩出生后第一天就把孩子作为交流的对象，对孩子发出的不同声音进行自我猜测和解释，并作出不同的照顾性应答。所有父母也会用简短的句子对孩子不断说话。在与孩子相处时，大人经常会说"妈妈抱""妈妈亲亲宝宝""爸爸举高高""爸爸下班了"……其中"爸爸""妈妈"出现的频率较高，大人们还会时不时地逗一逗孩子——"叫爸爸。"孩子也会发出"a""ya"的声音，努力模仿发音。在这样的刺激中，孩子潜意识萌动，反射性地开始学着。在孩子 3~4 个月大时，会在不经意间蹦出"爸""妈"等单音节，父母喜出望外，热切地回应，让孩子更加积极地投入到语言的学习中。

如此不断，孩子开始牙牙学语。这种牙牙学语是一种重要的能力，虽然他并不懂得其中意思，却渐渐明白声音是一种信息传递方式，并感知到言语与事物之间有着一定的对应关系。

在孩子喝奶时，大人会说"宝宝喝奶""宝宝的奶来了""宝宝的奶好喝吗"；孩子在看到奶瓶时、在饿了时，就会发出"neinei"的音节；同时，当他发出"baba"的音节时，爸爸会开心地抱一抱、亲一亲他，孩子就渐渐知道"baba"是谁、"mama"又是谁。虽然有的时候孩子的发音并不准确，会把"哥哥"叫成"dede"，"奶奶"叫成"neinei"，但当孩子见到哥哥和奶奶时却能够准确地认出来。

 说话

随着年龄的增长，在语言环境的熏陶下，孩子慢慢地建立了事物与单个词意之间的连接，在生活和时间的推进中，孩子不断地积累单词，习得简单的串联单词的"语法"，于是，开始形成能表达基本意思的语句。1岁时，孩子已经能说出一些生活用品的名称，例如：灯、杯杯、水水、车车等，虽然大部分是叠词，但孩子已经能清楚地表达出自己的生活需求。1岁半到2岁期间，是孩子的语言爆发期，也是孩子的"电报式"说话期。话语简短、语法简单，但能表达出基本意思，比如"我饿""宝宝袜""妈妈漂漂""我骑车""抱抱宝宝"等。

2岁时，孩子不仅会复述大人的话，也开始有造句的意识。读绘本时，妈妈说："你看，小熊哭了，因为小熊摔倒了。"下次再看到这一页时，

妈妈说:"小熊哭了。"孩子会说:"小熊摔倒了。""哇,宝宝真棒,已经会看书了。"当来到公园看到落叶时,妈妈说:"你看,叶子枯了。"孩子会不假思索地说:"叶子摔倒了。"孩子不能分辨"哭"和"枯",只能根据已有经验和所听到发音,判断出叶子应该是跟小熊一样"摔倒"才会"哭"。再经过日积月累、自我学习改善,孩子能清楚地说话便成为现实,交流、沟通得以顺畅进行,说话成为生活中交流的普适性本领。

从学说话到会说话,是孩子成长的一次重大飞跃。从此,"有意义说话"成为可能,并必然得以发展,也就是说,"对话"大门全面开启!

 对话

此时,儿童不再满足于需求的表达,开始追求意义的交流,走进"理解",以达到精神世界的生长。

"一切都是手段,对话才是目的。"——儿童借助对话表达自己的思想、聆听别人的思想;在对话的流动状态中实现意义的交融与生长,更好地认识世界。可以这样说,这时的对话"不再是单纯的言语应答,而是各种价值相等、意义平等的意识主体相互作用的一种形式"。

3岁时,大部分孩子已经能清楚地表达和交流,也会问很多"为什么",这一阶段的对话增加了思考的意义。比如:公园里,两个孩子在树下讨论着:"为什么树不会走路?""我们有两条腿才会走

路。""哦,它只有一条腿,所以不能走路。"简单的对话,不仅充满童趣,也让我们惊诧于孩子的思考力——从生活经验来分析和思考问题,并能完整地表达出自己的想法。

儿童在对话中,不断发现彼此的视域,实现彼此的视域融合;不断走出自我,走到与其他主体的交界处;不断影响别人,反观自己,充实自我,又回归自我,获得学习的增值和扩容。偶然听到两个四五岁大的小姑娘的谈话,十分有趣。"月亮为什么有时胖,有时瘦呢?""因为它有时听妈妈的话,好好吃饭,有时候淘气,不听话不好好吃饭呗。""真的吗?那我要好好吃饭,不能变来变去。"虽然是在讨论月亮的"阴晴圆缺",但她们却从生活经验出发,又反思自我的生活习惯,防患于未然。

仿佛是"水相荡乃生涟漪""石相击而发灵光",对话,让儿童的生活、学习增添意义的水花,波光粼粼、灵光乍现。

儿童眼中的对话

梁萌萌
黄 婷

孩子们眼中,对话是什么样子呢?我们一起来听一听。

对话就像汉堡包遇上大馒头,口感不同,尽是美味。

——王子桁 11岁

你喜欢吃汉堡包,我喜欢吃大馒头。聚餐时,你有你的美味,我有我的劲道。味道不同,可以分享,想法不同,可以互通。你喜欢吃甜,我喜欢吃咸,而对话就像一个超级大厨,甜与咸在它的手中反复碰撞、融合,会激发出更奇妙的味道。当然,我们也可以不要融合,你就是你,我就是我,但我们依然可以理解彼此。

在这样的对话中,我欣赏你,你也欣赏我,我了解了你,也更加了解了我自己。在这样的交流中,我们可以有更自信的表达,就像你爱汉堡包,我喜欢大馒头,没什么不可以,都是对缤纷世界的五彩诉说。

对话如同两条溪流交流,跳跃着,一路向前奔涌。

——喻子谦 9岁

两条小溪自远方蜿蜒而来,交汇了,他们愉快地交谈,一会儿拍拍岸边五颜六色的卵石,一会儿摸摸沙地上探出脑袋的小草,一起跳跃着,继续奔涌向前。

对话的交流就像河流的交汇，你的涓涓细流，我的汹涌澎湃，融合的刹那，激发了新的力量。他撷着无数朵小浪花，拂着杨柳垂下水面的秀发，弹着琴弦，钻进一座双拱石桥，快乐地向远方流淌。

学科之间各有特色又互相联通，他们的遇见会带来哪些惊喜，碰撞出怎样的思维火花呢？学科间的对话融合让人多了几分期待。跨学科融合，不是简单的拼接，而是精彩与精彩之间的交流碰撞。对话，改变了教学方式，激发了深度学习，让学有新意、学有思考、学有所获。

我在讲，谁在听？风从耳边拂过，我知道，它在听。我在讲，谁在听？雨从我耳边滑过，我知道，它在听。我在讲，谁在听？哦，原来大家都在听。

——欧阳瑾南　10 岁

受了委屈，我渴望向人倾诉一下，哪怕他只是静静地听着，我也可以好好宣泄，即使只有一个听众，话一说完，我便心中释然。

遇到高兴的事，我希望知道的人越多越好，尤其是自己最亲密的人，把那份甜甜的喜悦，与大家共享。

对话给我们的感觉，就像轻风拂过耳畔，那风声簌簌，似乎在对我说悄悄话，弄得耳朵痒痒的。又像微雨从耳边滑过，那"语"丝柔柔，浸入我的五感。于是，对话的时候，会在心底听到天籁。

天 生 的 对 话 者

对话，是心灵与心灵相遇后的真诚互动与温暖悦纳。

——严梓昱　12 岁

"这世上所有的误会都来自不理解，所有的矛盾都来自不沟通。"一间教室，几十颗小脑袋，许多种奇思妙想在这里发芽、长大。当这许多的想法陆续萌生时，我们该怎样去接纳？如果我们只按照自己的想法去揣测别人，难免会有很多问号和不理解在心中冒泡。真诚对话，能让我们去理解别人，悦纳自己的不完美，接纳他人的不尽如人意，同时欣赏对方的闪光点。对话是一种沟通、了解，更是进一步的辩证、讨论。一次真诚的对话，能让别人了解自己，也能让自己走近别人，启动双方深刻的认知，甚至激发多元的思考，迸出缤纷的创意。

即使我是一只小刺猬，老师也有拥抱我的方法；即使我是一只小蜗牛，老师也在不远处等着我。

——刘梓墨　8 岁

儿童总会有这样那样的缺点，并不完美，正是这样的不完美、不成熟，反而折射出童心、童趣纯真的一面，也预示着儿童发展的无限可能性，让我们充满期待。

"小刺猬"的寓意是不易接近。老师用对话的姿态俯身平视，用对话的方式传递温情，融化刺针，拥抱儿童，走进他的心里，走进他的世界。

同样，"蜗牛"是慢的代名词。不管你有多慢，甚至还有些惰性，老师总能不急不躁，在前方召唤着你、引领着你、等待着你，眼里满是微笑、满是期冀。

对话可以没有言语，一个微笑就心心相印。

——王添熠　10 岁

对话是真诚的表达，也必有诗意的回响。

很多时候，我们就像小王子，不需要讲太多，甚至可以没有言语，一个微笑、一个眼神、一个手势，就可以让彼此会意。

比如有时候我不想说话，老师会给我一个鼓励的微笑，伙伴会给我一个"不要紧张"的眼神，我懂他们的意思：没关系，下次你一定可以。它也可能发生在课堂外，是表示肯定的一个大拇指，是施以宽慰的一个拥抱……我们都明白，那是对对方的一种肯定和在意。

在这种友善的交流中，我们也学着对世界施以善意。对话的表达不仅只有言语，还可以有很多，只要它有真诚的姿态，哪怕一个微笑，都将为对话搭建起一片晴空。

一天40000个词

白雪

一个人平均每天会说出多少个字？

这是一个特别好玩的问题。一位心理学家曾做过调查，统计后发现，一个人每天大约要说30000多个字，按照200字/分的语速计算，约为2.5小时。加上自己独自内在的说话将近10000字，说话总时长大约是3.4小时。天啊！除去睡觉的时间，几乎占据了三分之一的时间。

其实，相比于成年人，儿童更喜欢说，更喜欢自言自语，更喜欢问，他们一天中说话时间一定会更多。毫无疑问，说话充斥在儿童的生活中，也丰富着儿童的生活。

晨起，与窗外树上栖息的鸟儿打招呼；出门前，与床脚心爱的玩具熊说再见；上学路上，因为不小心摔了一跤而小声地抱怨；课间，与好朋友一起笑谈周末的见闻；回家的路上，和爷爷奶奶细数当天的趣事……一朵花、一片叶子，甚至一滴雨滴都会是话题的开始。对话，随处而生；对话，无处不在！

正如成尚荣先生所说：儿童，是天生的对话者。他们乐说，也会说，甚至说得别有情趣。因为，"对话"是他们童心、童趣的纯真表达。

窗外的雨淅淅沥沥，打在窗户上。无数的小水滴附着在玻璃上，一点一点地汇聚，形成大水滴。倏忽间，流淌下来，跌进窗框里，留下一道道蜿蜒的水迹，又留下了无数的小水滴。不知是谁先发现了它们，一根根细嫩的小手指按住小水滴，把脸凑近了，在玻璃上涂涂画画。

"你们在做什么呢？"

"送小水滴回家啊！"一双双眼睛专注地盯着手指，头也不回地说。

"这是妹妹，今天摔跤哭了一场，流了好多眼泪。所以没有力气回家了。"

"嘻嘻，我是哥哥，力气大得很，拉你一把！"

两根手指头相碰，两滴小水滴汇聚，意料之中的结局没有传来，取而代之的是另一个新发现。

"你看！从这里看过去——"

"这个水滴里有小虫子！"

惊喜的声音传来，玻璃窗前汇聚了更多的小脑袋，于是从"小水滴"说到"小虫子"，从眼前的阴雨天聊到上周末的郊外踏青，话题越聊越远，脸上的笑容却越来越深。没有人去关心最初的话题是什么，只是说着、笑着、听着、期待着。

对话，不止于说。"对话"本身就是一个丰富的语言世界。

儿童的眼中，语言是一个多彩的魔方。它可以化身整齐划一、方方正正的小方块，用中规中矩的话语勾勒出笔直的线条、锋利的棱角；也可以变作五颜六色、歪歪扭扭的多面体，跌宕起伏、金句频出，呈现出大千世界的另一重境界。无论是哪一种样貌、哪一种色彩，都是童言童语的相互交织，都是感知世界的小小触角。

儿童的眼中，语言与世界之间就是如此的多元、立体、相互关联。当清风拂过树叶发出"沙沙"的声响时，儿童听到的是树木在说悄悄话，忍不住要插一嘴，一探究竟；当花瓣离开花托落入尘埃时，儿童听到的是一场依依不舍的告别，少了伤感的情愫，七嘴八舌地谋划下一

天生的对话者

次相遇。

更为重要的是,对话,还是儿童真实学习的开始!

"不懂就问"是我们经常会和孩子说的一句话,可是在儿童的世界里,从来不需要这样一句特殊的叮咛。

"天空为什么是蓝色?"

"一周为什么只有七天?"

"动物为什么要冬眠?"

诸如此类千奇百怪的问题,在儿童的世界里层出不穷。提问,是他们向世界发出的探索信号;提问,是他们展现好奇与兴趣的标志。即使没有标准的答案作为回应,他们彼此也总能给出合理的解释。

一来一往,一问一答,倾听,倾诉,思考,表达。在对话中,他们发现问题、提出问题、探讨问题、解决问题。这就是儿童学习的基本模式。在对话的回环往复间,思维拔节向上,素养孕育生长。同时,儿童彼此的关系亲了,对话与学习的深度关联更为紧密,儿童与世界的距离更近!

对话,是心与心的以诚相待。儿童与儿童之间的对话,是一种心照不宣的默契。彼此的喜怒哀乐,有时只需一个眼神、一抹微笑便心知肚明。对话,是思维与智慧的互相碰撞。儿童与世界之间对话,是一种无休无止的好奇,历史的尘烟、自然的奥秘都激励着他们不断摸索向前。

对话,蕴藏着巨大的能量。它给予儿童成长的力量,点燃儿童、成就儿童,引领儿童走向世界、走向未来!

学会对话,你就赢了世界

陈牧云

"对话"二字,从字面意思来看,"对"有两者相对、回答之意,"话"有话语、谈论的意思。因此,"对话"是交往双方以语言为中介进行的会谈。

一、学会对话,能更好地认识自我

根据哲学解释学的观点,对话是交往双方基于理解的视界融合。任何理解都依赖于理解者的前理解,即人决不会生活在真空中,在他有自我意识和反思意识之前,他已置身于他的世界、他的文化背景和传统观念、当时的知识水平和思想状况等。所以,每一个人都是带着自己的前理解参与对话、借助对话;每一个人也能认识自己的前理解,认识到他人的前理解。可以这样说,人们既在对话中表达自己,也在表达过程中认识自己。

让我们听听孩子们对此的童趣表达。

课堂就像一个大树洞,洞里有知识的味道,还有我摸过、爬过的味道。

——魏琳

什么叫对话?就是我是1,你是1,现在你我都不是1。

——王悠然

让我们来看这样一个教学场景：

陈教师在执教五年级古诗《示儿》时，补充相关教学资料，引导学生对"陆游的遗愿是否实现"作进一步探究，设计如下两个问题：

陆游去世多年后，他的意愿实现了吗？

假如陆游的子孙来到墓前，会说些什么呢？

孩子们从自己的前理解出发，表达了自己的观点：

生1：陆游的遗愿没有实现。崖山兵败，南宋灭亡。

生2：陆游的遗愿实现了。明朝驱寇去虏，天下大统。

生3：陆游传递的精神永存，也可以说是遗愿实现了。他的曾孙陆传义，闻崖山兵败之后，绝食而死；其孙陆元廷，也为了抗击北敌而多方奔走，积劳成疾，一病不起。可见，陆家人矢志不渝，"九州同"的夙愿无比坚定！

师：更何况他的精神也激励了一代又一代人，为了民族的大业不屈不挠，舍生忘死。

……

孩子们跳出自己的最近发展区，与文本的理解对话，与其他同学的理解对话，与老师的理解对话，与历史的理解对话……在多重对话中，孩子们的理解得以澄清、丰富，在对话中，孩子们也发展了自己的"元认知"，更好地认识了自己！

二、学会对话，就能走出自我

古希腊有这样一则寓言：

人的身上有两个袋子，一个在前面，一个在后面。前面装着这个人的优点，后面装着这个人的缺点。人走在街上，总是能看见别人的缺点，因为面对的是别人的背，而自己却只能看见自己的优点。

这就意味着每一个人都有其自身的局限性，但人作为孤立的个体却很难认识到自己的局限性。

但是，借助对话，我们可以走出自我，超越自身的局限性。

"对话"可以让我们改变自己的态度，静下心来，俯下身段，虚心倾听别人的意见，主动请教，与别人互动、合作，从别人那看到不一样的自己。

"对话"可以让我们主动重建关系——建立一种平等、真诚、尊重、信任、自由、民主的交往关系。我们认为，并不是所有人的交往都能形成或具有对话关系，只有那种彼此真诚、平等、相互尊重和信任、相互敞开和接纳的交往才是对话关系。换句话说，如果交往双方都抱着以一方为中心或是以各自为中心的意图或想法，各自固守着自己的一方，那么就无法形成真正的对话关系。学会对话，能够帮助我们走出自我。

我们不妨更进一步，把视野聚焦到教学层面来看。

在老师与学生的关系上，如果老师善于对话，他就能在共感中满怀深情地亲近儿童，包括和儿童一起游戏、和儿童一起研究、和儿童一起"做梦"，用"母爱"一般的对话教育润物无声地引领着儿童。

在学生与学生的关系上，"对话"鼓励学生学会欣赏，欣赏别人，也欣赏自己；"对话"鼓励学生学会自信，自己能自信，也把自信传递给同伴；"对话"鼓励学生学会思辨，在思辨中碰撞出思维的火花；"对话"鼓励学生学会合作，在合作中感受表达、分享、共生、创造的意义流动。

"对话"鼓励学生展示个性,这本身就是一个和而不同的过程。正如世界上没有两片相同的树叶,学生要在交往中个性地表现自己。教学相长,在对话中,我们的教与学、师与生都能走出自我。

三、学会对话,就拥有逻辑语言工具

古希腊哲学家巴门尼德认为思维、语言、世界三者具有同一性。语言是思维的载体,借助语言进行对话是对话的常见形式。在对话的过程中,人们首先运用思维理解自我、理解世界。在表达的过程中,人们需要思考如何运用有效的、有理性的、有条理的语言进行表达,因此,有效对话的生成也是在发展逻辑的语言工具的过程。

怎样才能更好地掌握好语言这一思维工具呢?

"对话"可以很好地实现思维的传导,保证其内在的逻辑性。因为真正的"对话"内在是存在一个基本表达框架的,分为形成话题、独立思考、交流讨论、判断生成四个步骤。

话题是展开对话的前提,形成话题是指寻找一个集中的话题,共创一个明确的主旨,在明确的主旨中实现对话的意义和价值。在集中的话题下,每一个儿童都需要进行独立的思考,在思考中锻炼思维。接下来,学生需要进行交流讨论,在这一过程中,学生需借助语言这一工具将思考的结果表达出来,在与他人观点的交流碰撞中反思自己的思维过程,产生新的思考。最后是判断生成,有两层含义:一个是判断,对还是不对;另一个是生成,产生新的理解、新的意义,使原有的理解得以丰富。判断生成又有两个维度:一个是每个人的,即各自从原来的思考、原来的图式走向悦纳别人的观点、实现自我澄清;另一个是全班的,即多方

观点交锋之后,经过思辨,形成集体的价值判断。

四、学会对话,就有了走向世界的支持力

柏拉图在《理想国》中曾以洞穴为喻,将教育比作将人拉向洞外光明世界的力量。人在接受教育之前,只是生存在洞穴中被束缚和捆绑的囚徒,他唯一能独立"思索"的仅仅是反射在洞壁上的影子,即人所生于其中的习俗和意见。在一种外力(柏拉图意指教育)的迫使下,其中的某个囚徒被拉出洞穴见到了外面的阳光,见到了影子世界的真正来源。而这个世界,是真理的世界。在对话中获取知识,在对话中超越习俗和意见,在对话中不断求知,就越能接近真理的世界。

比如,南京市银城小学为学生开发了"童辨""从中国出发"等课程,结合当下最新的话题给学生自由表达看法的机会。我们发现,一个话题抛出之后,学生是越辩兴致越高涨,理是越辩越明晰。大多数时候,还能由这一个话题引发多个话题。这个过程无疑拓展了学生与世界接触的宽度,延展了学生对世界认知的深度。

我们知道,现代人与原始人最大的不同就是从他呱呱坠地开始,他就是公民,而不是在原始森林里只需要考虑自身安危与温饱的原始人,他需要与社会生活的方方面面产生紧密的联系,享受相应的权利,履行相应的义务。因此,如何合理地表达自己的看法,如何适切地践行自己的想法,是现代社会公民应具备的能力。"童辨"等课程无疑为学生走向社会、走向世界提供了支持力。

"儿童对话"关键词

梁萌萌
陈牧云

儿童对话，简单地说是"儿童与他人、与文本、与环境之间的对话"。它具有一般意义上对话的"普适性"，也具有特别意义上对话的"儿童性"。"儿童性"意味着不成熟、不完美，还意味着用儿童的方式和儿童的语境进行的对话。

"儿童对话"的基本要素有哪些呢？从儿童学习的视角、意义传递的维度看，有这样几个关键词：倾听、分享、理解、悦纳、发现和创造。

基于"倾听"

"倾"仿佛是一种意象，是微微俯下身子。

可以这样说，真正的对话是建立在倾听的基础上的，没有倾听，就谈不上对话。

倾听就是认真地听对方的表达，不打断、不催促，静静地等候，具有同理心。无论说话者是谁，当他开始说的时候，都能够主动、仔细地聆听；无论听到的是什么，赞美的、批评的、意见一致的、想法相左的、不同领域的、不同类别的……都能够心平气和地接收。

同时，通过倾听与被听者建立平等关系，才能为进一步有效沟通打下良好的基础。

重在"分享"

有倾听者，自然就有倾诉者。分享就是把自己的想法说给别人听，将听到的讯息传达给别人，把他人需要的讯息分享出来。就像孩子们手拉着手，像小树与小树相连，话语在彼此之间流动、传递，相互回应的声响使他们成为一片有生命的林子。

在对话中，我们分享获得的和拥有的，分享智慧和成长，分享勇敢和力量，分享能量和热量。有了分享，一个人的表达会带动一群人的表达，一个人的理解会成为一群人的理解，一个人的成长会助力一群人的成长。

义在"理解"

理解，最基础的理解是"听懂了"。听懂是让对话、交流无障碍、更顺畅。对对话内容的理解，有赖于丰富的个人知识，要将自己亲身经历、习得的体验与他人教授、传达的知识经验相结合；有赖于通过观察、阅读、思考、交流、操作等手段增加自己的个人知识，从而更加容易"听懂"他人的话。

理解，更高的质量是"我懂你"。在对话中，通过语言的表达，传递的不仅仅是内容，还有情感。拥有了共情能力的儿童，更能理解对话者话语背后蕴藏的情感态度，同悲伤、共喜乐的情感交流让分享者更乐于表达、倾听者更愿意聆听。对话也就愈发流畅、自然。

理解是多元的。不同想法在对话中交流，对话者理解不同的想法，甚至在交流碰撞中产生更多的想法，不同的想法五彩缤纷、灿烂绚丽，就像道道彩虹。

构在"悦纳"

悦纳是在对话的过程中,儿童能够发现自己与他人之间的不同,认识到各自的优点、长处。悦纳自己,就是学会肯定自己的个人价值,同时接受自己的不足;悦纳他人,需要包容他人的叽叽喳喳,欣赏他人的奇思妙想,接受他人的建议和反驳,为下一次的对话铺就向上攀登的阶梯。

种子在发芽前,也曾埋首黑暗、积蓄力量;花朵在绽放前,也曾经历了漫长的等待;大树在形成参天之势前,也是由细嫩的幼苗成长而来的。没有人会是完美的。悦纳,可以让儿童自身更好地成长。

蕴在"发现"

发现是什么?发现就是在我们生活、学习的过程中,遇到了一些新的事物,或者对一些已知的事物有了新的理解。在放大镜下,你会发现独角仙拥有好几只角,时而向左转动,时而向右转动;一只蝉快乐停在树枝上休息,仔细看,你会发现它一会儿掸掸翅膀,一会儿鸣叫几声,好像在诉说心中的喜悦呢!有几丛花草,草嫩嫩的,绿油油的,花儿竞相开放,争奇斗艳,在充满希望的眼睛里它们更加显得生机勃勃……在生动的对话中,发现也就轻而易举了。

对话的过程可以让我们增长知识、开阔视野、激发兴趣、提高创造力,可以让我们感受到生活的乐趣和学习的意义,我们应该珍惜每一个发现的机会,积极地去探索这个丰富多彩的世界。

境在"创造"

创造是基于现有的东西赋予它新的概念与意义,就是用想象力和知识,创造出一些新的东西,比如画画、写故事、做手工、发明小玩意等等。

对话的制高点,是儿童将所有习得的内容以崭新的面貌再次呈现。即儿童通过倾听、分享所收获的讯息,在"理解与悦纳"之后,被赋予新的内涵,并以表达的形式再次出现。经历了这一过程的儿童,锻炼了思维,培养了兴趣,增强了自信。

02

教室里的对话

儿童对话，常常发生在教室里！

"树木吐出点点嫩芽，那是春天的音符吧！""在祖先的摇篮里，人们还会做什么？""西安大雁塔与小雁塔高度之间有什么相等关系？"……一个个问号、一道道题目、一篇篇课文，就这样成了孩子们眼中的世界。

……

我们和孩子们一起带着很多很多问题在课程中、在对话中寻找答案、认知世界。

教室里的对话，让我们发现了不一样的世界，如若始终有好的课程、好的课堂、好的老师陪伴，那多幸福啊……

对话，银城教室最"亮"的课程！

王老师与孩子们的对话

王金涛

有什么样的课程,就会有什么样的思维视角和对话方式。

今天的课程内容与结构,往往就决定了未来学生的素养知识结构;今天的课程格局,往往决定了未来世界的发展格局。

而关于课程与对话,每个人都有话说。

听听来自银城小学小叮当们的声音:

1. 课程是什么样子的?

2. 我们可以有自己的课程吗?

3. 我们怎么和这些课程对话呢?

4. 学习课程还可以用来做什么?

……

银城小学的语文特级教师王金涛,他又是怎么回答小叮当们的这些问题的呢?

1

王老师：在我们国家，"课程"一词最早见于唐宋年间，用于指课业及其进程，有学习的范围和进度的意思。如朱熹在《朱子全书·论学》中就提出"小立课程，大作工夫"等。在西方，英文 Curriculum 一词来源于拉丁语，指"跑道"，最初与"学习过程"是一个意思。

根据这个解释，我们可以将课程理解成：为不同学生设计的不同轨道，为学生的成长提供的全方位学习资源和空间。

在银城小学，课程就像是一座又一座的桥梁，连接着外面的世界，架起了我们与生活、与世界、与未来的对话。

对话，是我们学习课程的方式，更是我们银城小叮当们的交往方式。

你们看——

叽叽喳喳、喃喃自语；

比比划划、交头接耳；

能言善辩、奇思妙言；

……

这些都是我们在与课程、与生活、与世界进行对话。

所以，在银城——

课程的样子就是我们学校的样子，

对话的样子就是我们小叮当的样子。

王老师：小叮当可以有自己的课程吗？我的回答是，有！叮当课程不就是我们自己的课程吗？小叮当是银城的小主人，必须有属于自己的课程。

不仅如此，我们的课程还很丰富呢！叮当课程不仅包括了国家基础性课程，如现在我们手上的语文书、数学书等。每一本书都是一门课程。它还包括活动性课程和国际理解课程等。其中，"两片叶子""数学工坊"等就是基于我们学校的特点开发形成的；"指尖上的时尚""银城儿童公约"等则更多关注小叮当在活动中的体验和成长。说起我们的国际理解课程，那就更厉害了！"儿童联合国""从中国出发"……让我们在一次次的项目学习活动、游学（研学）实践中了解世界、行走世界、拥抱世界、对话世界。

这些课程可是其他学校没有的哟！它是专属于我们银城小叮当们的！

不仅如此，我们老师也有自己的个人课程，如王老师的"未来阅读课程"、徐老师的"小布展课程"、李老师的"梦想家戏剧课程"等，还有我们银杏讲坛的"家长课程"……

这些课程为每一个小叮当提供了不一样的学习跑道。

王老师：每天，我们都在学习课程，与课本、老师、同学进行对话。可能大家都已经习惯了，也就忽略了这个问题。你们看这是什么？对啦，这是张贴在我们班级里的课程表，我们每天是不是就按照课程表里的安排来学习这些课程的？在与老师、同学、课本等日积月累、循序渐进的对话中，获取知识，拔节生长，共同创造出有意义的教学生活。

不仅如此，我们还有属于自己与课程对话的方式——"童辨"学习。

"三个校区互换好不好？"

"人类疫情，对野生动物是福还是祸？"

"人工智能会不会埋没人类的未来？"

……

100个"童辨"话题，源于学科课程、深入生活世界并触及社会或国际焦点、热点等问题，让我们的课程学习因此更有趣味性、更具挑战性和生活意义。

我们在学习课程，也在与课程对话，创造课程。

王老师：学习课程的意义和作用可大了。你们都参加和体验过学校开展的学科生活日吧，在学科生活日的实践中，我们把学科课程变成融入生活、理解世界的一个工具，我们把书本上学到的知识用来解决生活中遇到的真实问题。学校也正是基于"生活必备常识，人类共同经验"的整体思考，以"给小叮当什么样的方式生活"为指引，根据年龄特点，为六年小学生活精心设计了"主题生活日活动清单"。

当我们融入"社区"，在银行了解贷款知识时、在消防站感受消防员责任时、在书店开展文创活动时……"社区"是不是已经成为我们感受百姓生活和职业百态的最佳窗口？我们在课堂上学到的东西是否都有了用武之地？

参与在其中，我们也因此有了真实的生活体验，切实让书本知识转化为生活经验，让抽象符号与真实生活情境建立了关联，让我们在"社区"等鲜活的世界中发现和解决问题，在探究中建构起自己的精神世界。

所以，学好课程可以更好地让我们解决未知问题，学会更好地融入世界、对话世界、创造未来……

课堂对话20例

01 | 具身对话——在场景中体验

王金涛
冯凯馨

> 体验不仅是学习的过程，还是一种学习方式。具身对话，就是通过情境创设、角色互换等手段营造生活化对话场景，让学生全身心投入，关注每一个学生的切身经历、体验和探索。

案例

师：（多媒体课件中出示第6自然段内容）我们再来看这个情节，现在你就是普罗米修斯。哪个地方让你感到最不舒服？

生：日夜遭受着风吹雨淋的痛苦。

生：被死死地锁在悬崖上。

生：火神狠狠地把普罗米修斯按在悬崖上面。

师：把"按"换个词。

生：锁。

师：我要把你死死地锁起来，你舒服啊？

生：他说他既不能动弹，也不能睡觉，他连睡觉都不行，肯定是很难受的，一定是不舒服。

生：如果换做是我，我都不敢想象我能不能坚持下去。

生：虽然不舒服，但是他始终想的是为人类造福，所以我觉得能锁住他的身体，但锁不住他坚定的态度。

（摘自王金涛老师执教的统编版语文四年级上册《普罗米修斯》教学片段）

评析

在场景中体验和对话。"现在你就是普罗米修斯。哪个地方让你感到最不舒服？"角色的转变更意味着体验的具身。神话故事虽然是虚构的，但是其情节却是完整的、感人的。课堂上王老师抓住这一点让学生进行角色的体验，深入感受、交流"按"和"锁"的不同，并让学生交流各自"被死死地锁起来"的体验和感受。这一过程中的儿童对话就包含着体验，课堂必然会呈现一种获得主体的自身体验以及在体验中自我发展的意义性学习。体验之后的意义建构与进阶，在儿童对话的过程中得到了淋漓尽致的体现。

在对话中融入神话世界和儿童世界。更重要的是，儿童的体验参与为走进神话、深入研读神话、对话神话世界架起了桥梁，推开了一扇窗。对话课堂，需要儿童的具身体验、融入儿童的生活世界，因为很多的故事性教学内容都需要体验的参与和分享。现实中，儿童对周围的世界充满了探究的欲望，会对人生发问，会为自然发声，会移情文本，会叩问内心，更会具身体验，从而不断地提问、探寻、回应、融通、澄清……

02 | 风暴对话——"吵"出来的精彩

李　璐
姜　珊

> 风暴过后，必有彩虹。风暴对话就是学生们用话语表达自己的想法，让孩子与同伴争辩，甚至"吵"起来，看似是语言的冲突，实际上是思维的火花在碰撞，让学生可以更加清晰透彻地掌握数学的内涵与意义。

案例

猜一猜

1. 露出一个正方形的面

老师：（从布袋子露出一个正方形的面）猜一猜，这是什么形状的物体呢？

较多学生：（脱口而出）正方体！

老师：好像有两种不同的声音，有人认为是正方体，还有人认为会是长方体？你们能说说各自的理由吗？

辨一辨

1. 认为是正方体的。

老师：首先请认为是正方体的小朋友说一说。

学生1：它露出来的是方方的，肯定是正方体。

学生2：就像刚才一样，这一面是正方形，只有正方体上才有正方形。

学生3：（有孩子迫不及待举起手中的一个正方体）看，就是这样子。

老师：就请你来说，拿着你的正方体演示给大家看。

学生3：（边演示边描述）看，我也把它藏起来，这一面是正方形，这一面也是正方形,这一面还是正方形,那么肯定是正方体。

2. 认为是长方体的。

这时候认为是长方体的孩子可就坐不住了。

学生1:举起长方体(有两面是正方形的长方体)你们看,我这一面不也是正方形吗?它是长方体呀!

学生2:我这个也是呀!(说着便拿着长方体来到讲台前)我也把它藏起来,这一面是正方形吧!看,我把它拿出来,它却是一个长方体呀!

"哦,原来是这样。"我看到了孩子们会心点头的笑脸。

(摘自李璐老师执教的苏教版数学一年级上册《认识长方形、正方形、圆柱和球》教学片段)

评析

在对话中体验思维的撞击。在本节课的教学中,李老师通过物体露出的一个正方形的面开始让学生猜测整个物体的形状。很多孩子凭借已有认知便很肯定地认为就是正方体。而又有一些孩子提出了不同的想法。不同的人有着不同的观点:那我的想法有没有道理?别人的观点是什么意思?到底是怎么回事呢?每个学生自身原有认知和当前的认知形成了冲突,有了这冲突,学生们进行思维风暴和语言风暴,最后就有了收获。

在对话中培养学生的思辨能力。风暴对话,对学生的思维和语言发展有一定的促进作用。在充满风暴对话的课堂中,学生们的能力在平时的每一节课堂、每一次对话交流中慢慢拔节,思辨能力也得到了提高。长此以往,学生的表达清晰明了、响亮干脆,学生的思维合理有序、逻辑分明,这样的课堂必定是精彩灵动、富有情感的。

童丽丹
徐惟乐

03 | 框架对话——解决问题找支架

> 框架，是人们认识和阐述外在客观世界的认知结构。框架对话，就是教师设计好学生解决问题的思维模式，学生学会该模式后，就轻松地解决了课堂上的问题，并形成自己的认知。

案例

师：刚才有同学提出，他和同桌的脚本都一样，但火炮旋转起来完全不同，谁能帮他解释这个问题？

生：其实是因为他们画火炮时中心点的位置不同，角色是围绕中心点旋转的。

师：解决了火炮的问题，我们的飞机该起飞了，但游戏中有很多架飞机同时落下，你们什么好办法呢？

生1：我复制了很多个飞机角色，拖到不同的位置，让它们向下移动。

生2：老师，我觉得他的方法有点问题。如果这样做会提前知道飞机的路线，游戏就不好玩了。我是在开始时让每架飞机移动到任意位置，随机才有意思。但是我发现想要多少飞机出现就得复制多少次，这样太累了。

师：不错，他们的探究结果很有借鉴的价值，看来复制不是最合适的方法，谁还有其他想法？

生3：我发现了一个叫"克隆"的控件，可以选择克隆自己，可是运行脚本时飞机还是只有一个，不知道是为什么。

师：她提到了一个新控件，谁知道"克隆"是什么意思？

生：就是复制。

师：可以理解为复制、拷贝。相当于从原型中产生出同样的复制品，它的外表及遗传基因与原型完全相同。（演示飞机克隆脚本）由于克隆角色和原角色最初是在相同位置的，所以刚才那位同学看不到克隆的效果。我们可以让克隆体出现的位置随机，这样就能看到效果了。

（摘自童丽丹老师执教的苏科版信息技术五年级《克隆飞机大战》教学片段）

评析

把框架支好，就能把问题解决好。以问题为主线，在编程学习中不断地引导学生"提出问题→尝试性解决→反思、质疑、排除错误→继续提出新的问题"，在此过程中培养问题解决能力。在这节课中，学生通过试玩游戏《飞机大战》了解游戏规则，尝试搭建脚本后发现问题。接着先自主探究尝试解决，在探究过程中反思无法解决的问题，通过讨论和测试程序，排除错误的做法，找到最佳方式——克隆飞机。解决问题后再次运行程序，通过已学的思维模式再找到新问题。

框架是能力培养的阶梯。搭建框架并不仅仅是简单地解决问题，更重要的是，在解决问题的过程中，提升学生分析问题的能力，促进其思维方式的改变。在对话中，学生在教师的启发和引导下主动发现问题；用自己的方式分析问题；批判性地思考和探讨多种解决问题的方法，并在实践后归纳、总结出最有效的解决问题的途径，在分析、质疑、修正的过程中得到思维能力的提升。当今后面对其他问题时，也能应用之前的问题解决经验帮助思考，成为有效的问题解决者。

冯凯馨
王金涛

04 | 逆向对话——见木也见林

> 逆向对话，能让学生的思维向对立面的方向发展，从问题的相反面深入地进行探索。阅读中的逆向思维，是让学生进行深入挖掘，使文本所展现的处世价值观、文化大环境特质、作者自身的隐性情感一一展现在眼前。

教学片段

师：在你们的选择中，有些人物一票都没有得到。这些人根本就不应该出现在《俗世奇人》里，一点也不"奇"，把他们删去算了！你们认为呢？

学生1：刚才有人认为"绝盗"上不了台面，这确实，但并没有规定"奇人"干的事一定是上得了台面的。他能成为"绝盗"，那偷盗手法就是"厉害"，这也是"奇"呀。

学生2："绝盗"的技能虽然上不得台面，但也是他的生活方式，这里的人，有的刷墙，有的看牙，他是偷盗，不能因为做的不是好事，就说他不奇。

学生3：《青云楼主》这篇也不是不奇，我觉得只是很多同学觉得他没有突出的某一些技能。其实这篇故事反转的结局也很有意思："老美"喜欢他的字，他高兴得要疯掉，怀才不遇的人难得到夸赞，多开心呀，于是立刻送了四个大字给"老美"。我觉得这一篇奇是奇在故事情节上，有趣。

学生4：也就是说，奇并不一定指技能奇，可能是他的行为方式奇，可能是故事情节奇。

学生5：我同意，比如"背头杨"赶时髦，有自己的性格，逞强、要面子，奇就奇在她的打扮上，奇在她做的匪夷所思的事上！

（摘自冯凯馨老师执教的《俗世奇人》阅读课教学片段）

评析

逆向对话让阅读时更注重细节。学生自主的阅读往往是在碎片中汲取，缺乏系统性和连贯性。通过逆向对话可以让学生重新再读文本。在这节阅读课中，冯老师引领孩子们对书本"前翻翻""后看看"，发现被我们忽视掉的重要文字：序言、后记、封底……读完再看文本内容，学生的目光就会更明亮。至此，在师生的不断挖掘下，学生们终于在阅读中"见木又见林"：奇，不仅是有绝活、有规矩、有能力，真实的个性、匪夷所思的俗事也是"奇"。真人真情、俗世俗人，这才是有血有肉的天津卫。这或许就是冯骥才先生要传达的。

在对话中掌握阅读能力。在阅读中，不仅仅是为了让学生了解人物，更是让学生们学会逆向思考。从对书本质疑，到自我思考、和他人辩驳交流，再到最后见其全貌，思维不断闪现火花，学生看到的将不再是浅层的文字所表达的人物形象，而是文字背后的地方文化、思想意蕴，是足以震撼内心的文学的力量。萝拉·罗伯在《阅读教学实战策略》中曾说："老师提供连接学生和书籍的策略，刺激他们去思考与怀疑的时候，等于撒下了'终生读书人'的种子。"今天我们的责任就是要培养这样的终生阅读者和批判者。

谢榕
左烨

05 | 求异对话——尊重每一种声音

> 一个问题只有一种解决方法吗？学生都是独特的个体，他们看待同一个问题，有着各自不同的方法和角度。我们要肯定每一种可行的方法，同时，我们要鼓励每位孩子多角度思考问题，试着分析、理解不同的思维方式，不断引导学生观察、对比、反思、批判。这就是求异对话。

案例

出示 $\frac{1}{2}+\frac{1}{4}+\frac{1}{4}+\frac{1}{8}+\frac{1}{16}+\frac{1}{32}$

老师：你能自己试着先研究研究这个算式吗？出示学习要求：

1. 想一想，画一画，算一算。
2. 把你的想法写下来。（可以有多种想法）
3. 四人小组交流你的想法。
4. 分享：

学生1：我想到了通分的方法。

学生2：我是这样想的，我发现可以先增加一个 $\frac{1}{32}$，再减少 $\frac{1}{32}$。

学生3：我想到了可以找一找规律。

学生4：我想到了画图的方法，我用一个正方形表示整数"1"，平均分成2份，画出 $\frac{1}{2}$，再在 $\frac{1}{2}$ 中，平均分成2份，得到了 $\frac{1}{4}$，紧接着把 $\frac{1}{4}$ 平均分成2份，得到 $\frac{1}{8}$，以此类推，我在图中画出了这5个分数。只要用

$1-\dfrac{1}{32}$，就能得到结果。

（摘自谢榕老师执教的苏教版数学五年级下册《问题的解决策略——转化（2）》教学片段）

评析

在展示中呈现思维的火花。谢老师在课堂上预留时间，鼓励学生进行独立思考。思考过后在全班范围内进行展示交流活动，发现学生呈现出了多种不同的方法。每一种方法都是学生思考的成果，应该对他们给予正面的肯定和鼓励。另一方面，学生必然在分享和交流中理解别人的思维方式。同时，自主对比自己的方法，自主批判，求同存异，每个学生的思维得到一次生发。

在对话中提升思维能力。一个数学问题只有一种解释方法吗？学生真的能想到教师预设的方法吗？会有更好的方法吗？……数学课上，学生总能给我们带来意想不到的惊喜。我们要让学生不仅能够求同存异，还能异中求同，最终聚焦多样方法的本质，积累更多深入学习的经验。每一次的对话与交流，都为学生进行自我或相互的批判提供了可能。在相互思维的碰撞中，学生学会观察、对比，通过不断地求简、求巧、求新、求异，最终能更好地内化知识，寻求最优的方法。这样精妙的设计能有效地引导学生走向思维的最深处，同时引导学生在多样的方法中取长补短、悦纳融通。

06 | 容错对话——错误成就美丽

胡红丽
艾　欣

> "错误"真的可怕吗？对于学生来说，犯错就是尝试、就是学习。在课堂上，当学生的想法和自己预想的不一样时，静下来，听一听他们的想法，说不定会有不同的收获呢！这，便是容错对话。

案例

师：同学们，你们在剪"春"时，是如何思考的？

学生1：我剪的"春"和你不一样可以吗？我在画的过程中，没有考虑到整体结构，到最后一笔时，发现空间不够写"日"字了，于是我想到一个好办法，我画了一个太阳代表"日"。

老师：你真聪明，学会用图案代替文字，老师觉得这个创意特别棒！

学生2：除了画太阳，我可以画小花吗？

老师：为什么想画一朵花呢？

学生：我最喜欢春天，因为春天来了，花儿开了，散发着淡淡清香，所以我想用花朵替换笔画。

老师：同学们，你们的想法真不错，在传统技法的基础上，探索出更多形式，想到将春天的元素融进字里，我们剪出的就不仅仅是一个字，更多是一种对春天的赞美与喜爱。除了用剪的方式，还可以用什么方式呢？是的，还可以将与春天相关的元素，如花、叶、鸟、蝴蝶等画在剪好的字上，将图案与文字巧妙结合，表达独特情感。

老师：在线条上，有什么创新吗？

学生3：瞧，我将每一笔画中的直线改为波浪线，"春"字看起来多了一分妖娆，显得更加飘逸了，像微风吹过一样。

（摘自胡红丽老师执教的美术《剪春》的教学片段）

评析

"错误"造就了美丽。一节美术课中，一张彩纸、一把剪刀，同样的剪纸技法，剪出不一样的"春"，每个"春"字的背后都是学生个性的表达。在《剪春》这节课中，教师示范的目的是教会学生制作方法，拓宽学生思维，是一种表现方法，或是一个创意、一件范作，而不是唯一标准。每个学生都是独特的，都有不同的经历、不同的个性、不同的兴趣、不同的思维方式，自然会剪出与众不同的"春"。只要他们用心创作，就能体验到创想的乐趣，即使剪出的"春"不是立体的，布局不均匀，结构不美观，线条不流畅，又有什么关系呢！

在对话中打破常规。在课堂实践中，并非每一次的对话学生都会得到完美的回答，有些回答虽然听起来不符合预期，但请不要急于纠正或者忽视它们，而要探究其背后的原因，看看是否可以换个角度思考，或许这不常规的角度还能造就课堂上意外的精彩呢！当有不同的声音出现时，教师应充分尊重学生、信任学生，允许学生"犯错"，让学生体验到对话中的乐趣。

杜 丹
丁晶晶

07 | 图文对话——插图也是好帮手

> 看图也是一种交流方式，能帮助学生更加直观地获取信息。图文对话就是让学生关注到课文的插图，引导孩子跟课文中的图片进行对话，使学生对文章有一个更加深入的了解。

案例

师：其实我们还忽略了书上的插图，它对我们理解文章也很有帮助。同学们，你们看这幅图，浏览课文，哪一个自然段描写了这幅图上的内容？（月夜刺猹图）谁来读一读这段文字？

师：通过文章的描写，你觉得猹怎么样？

生：狡猾、机灵。

师：那这幅图对于我们理解这段文字有什么帮助呢？

生：借助图画可以让我们理解出闰土的形象。

师：通过这幅图和这段文字，闰土给我们留下了怎样的印象呢？

生：机智勇敢、身手敏捷。

师：你们看，图文结合，我们看到了"月下看瓜刺猹"的闰土。插图是我们理解课文的好帮手，我们在读书的时候不能放过插图。

（摘自杜丹老师执教的统编版语文六年级上册《少年闰土》教学片段）

评析

　　和插图进行对话。统编版教材中增加了很多的插图，对于老师的教学是有指导性的。将插图与教学相结合，就会达到意想不到的效果。在本节课中，学生从文字中仅能感受到猹的狡猾，对于闰土的形象并未有深刻体会。杜老师引导学生观察课文中的插图，使学生对于闰土的形象有了更加直观、清晰的认识。图片的背后是信息的传递，它可以传达出编者的意图，跟图片对话其实也是和编者对话，这样，对话在课堂当中的作用就变得尤为重要。

　　在对话中掌握各种方法来进行学习。统编版教材很注重方法的引导，所以我们在进行教学的时候要善于激发学生的潜力，获得解决问题的能力、探索的技巧。在教学的过程中，利用图文对话，这样学生对于文章的理解就不局限于文字中，插图也可以让学生快速、直观地得到信息，甚至可以填补文字信息的"空白"。在这个过程中，学生是一个积极的探究者，同时能掌握多种学习方式。这有利于促进学生内部学习动机的形成，能更好地培养学生的抽象思维能力，发展智力，发挥潜力。

08 | 肢体对话——肢体也会"说话"

蒋志强
蒋金奎

> 课堂中的对话不仅仅是有声的，还可以是无声的。用肢体对话：展示出错误的姿势，学生静下心来观察，找出不同之处，从而做出正确的动作。这不仅是肢体动作的展示，也是思维的展示。

案例

师：你们在观察他的动作时能不能发现他的不足？

生1：他的手臂没有伸直。

生2：他的步子移动很快，但是垫球部位不准确，所以球会乱飞。

……

教师在垫球动作示范时故意做出与挂图不一样的错误动作，示范结束后学生开始对刚才提出的问题一一进行作答。

生1：老师在垫球时脚步移动缓慢，没有前后站立。

生2：老师的手臂是弯曲的，这样球落到手臂上就会乱飞。

师：如果让你来当小老师，你会怎样教你的同学？

生1：首先，两脚前后站立，手臂伸直，用手腕上方垫排球的底部。（学生看着挂图自己说出了基本的动作要领。）

……

（学生练习）

生1：老师的练习方法不太适合我们，要能把手臂绑起来就好了。

生2：用红领巾绑住手臂，手臂就能夹紧，而且还会伸直。

老师让学生都采用了绑手臂垫球的方法,效果比之前好了很多。

(摘自蒋志强老师执教的体育《排球:正面双手垫球》教学片段)

评析

　　用肢体来创造对话。在这节课的教学过程中,蒋老师先让学生展示垫球时的手臂动作,通过学生之间的纠错帮助,以学生的角度来观察存在的问题,鼓励他们勇敢说出同伴的不足,同时,也知道标准动作是什么;再故意做出与挂图不一样的错误垫球动作,让学生自己明确动作要领。最后学生在自己实践中又摸索到了新的肢体动作。至此,在师生不断合作与探讨中,思维不断闪现火花,体育运动不再只是动动身体,而是思维的碰撞和展现。

　　肢体是对话的桥梁。不同的肢体动作传达着不同的话语,它虽无声,却具有力量。肢体对话的过程,是一个提问和思考的过程,同时也是学生教会学生的过程。尽管学生对于肢体信息的感受有时是不全面的,但是伴随着多次练习和改正,他们的判断必然发生变化。所以,教学必须以学生发展为中心,要多从学生角度考虑,充分发挥学生的主观能动性,发展学生思辨能力,让学生学会从多方面进行对话。

09 | 辩证对话——一分为二看问题

包玉敏　李竹艳

> 辩证对话，即用辩证的眼光去交流表达自己的观点，简单来说，就是在对话中要一分为二地看待问题。辩证对话让学生的思维更清楚、表达更清晰，让学生在思与辩中碰撞出智慧的火花。

案例

T: Do you think life in the past is better or life now is better?

Group A: I think now is better, because the Internet makes the world smaller. I can talk with my parents on the Internet wherever they are.

Group B: Yes, it is convenient for people to keep in touch. But everyone talks on the Internet. They spend less and less time with their family.

Group A: We can work at home, study at home on the Internet. Actually we save more time for our family.

Group B: This year, children can't go to school because of the virus. So children study at home, teachers teach at home. We couldn't do it twenty years ago.

Group A: ...

（摘自包玉敏老师执教的译林版英语六年级上册《Then and now》教学片段）

评析

辩证对话让观点更加全面。在片段教学中，学生联系生活实际，畅谈自己对生活变化的感受，在不断辩论的过程中，每个学生都能听到别人的观点，在说服与被说服的过程中更加全面地看待问题，更加坚定自己的看法和态度。最后教师总结，同学们说得都很好，其实过去和现在各有优势与不足，我们享受着科技和社会发展带来的便利，也要合理使用科技和社会进步带来的各项成果。任何事物都有两面性，大家要学会辩证地看待问题。

在对话中提升思辨能力。英语是一门语言，语言学习的根本是对话，教师要将师生之间、生生之间的对话从浅层次对话向思维型对话转变，打造思辨课堂。在英语课堂中教师不仅仅要抓住教育契机培养学生的思辨能力，在思辨中发展学生的语言能力，还要在教学各个环节中让学生自由地进行思维的对话，培养学生的批判性思维，提高学生的批判性阅读能力。

唐　丽
谈燕燕

10 | 猜想对话——有所同有所不同

> "猜想"包含了"心智开放、分析性和系统思考"三个思维倾向的要素，猜想对话就是将"揣测、推测"融入对话中，以此打开学生思维，让思维和课堂活跃起来。

案例

师：文章最后给了三种结局，你喜欢哪个结局？为什么？

生1：我喜欢第一个结局——它又遇到了老母牛，因为小狗前面会遇到公鸡、杜鹃，现在就可以继续遇到一些叫声不是"汪汪——"的动物，跟着后面学叫。

生2：我喜欢第二个结局，这个结局给的提示最简单，但最有意思，小狗之前遇到的都是动物，现在如果遇到人，发生一点事情，整个故事会更吸引人。

师：会发生什么事情？它学会叫了吗？你猜想猜想。

生：农夫去哪里它都跟着，帮农夫看家，一直陪着农夫，和农夫成为朋友，它虽然不会叫，但有农夫的关怀，它很开心，不再着急，也不会自卑了。

师：说得真好！小狗不一定学会叫，但却可以有另一种人生！还有想说的吗？

生：老师，我可以不选书上的三种结局吗？

师：（眼前一亮）我很好奇。

生：我觉得狗是天生会叫的，所以我想自己设计一个结局，它不再学叫了，而是在一个狂风暴雨的夜晚，它在惊吓奔跑中突然发出了"汪汪——"的叫声，它很惊讶，这是什么声音，怎么以前从来没有发出过？一边正在忙着搬家的蚂蚁看出了它的心思，告诉它这就是狗叫声。小狗开心极了，它终于学会了叫！

师：你自己编写的结局真棒，人在惊吓中会激发本能，狗可能也是这样的，你的猜想只要有一定的依据，就可能是一个好的结局！

（摘自唐丽老师执教的统编版语文三年级上册《小狗学叫》教学片段）

评析

猜想对话就是学生思维的交流。片段中学生的思维打开了，尽管猜测的故事结局不同。同时，它们都是有依据的猜想，是综合分析文本信息、联系个人生活经验等得出的，所以这是一个能唤起学生深层的、系统的思考的话题。每个人都有自己的理由，或是对童话的理解，或是价值观的指导，这些依据迁移到猜想结局中，便是思维，不需要老师的指引，每种猜想预测都碰撞出了思维的火花。

在语文阅读中，"猜一猜"每时每刻都在发生。学生在读文本的过程中，就会进行无意识的猜想，一边读一边猜其实是一个思考的过程，是对已读的文章内容进行整合筛选的过程，可以加深对文本的理解。同时，边读边猜可以增加读文章的兴趣，让学生读下去的欲望更强烈。

江 云
汪莹滢

11 | 阶梯对话——思维的向上飞跃

> 阶梯对话，即在与学生对话时创建阶梯式问题，多次地、层层递进地提问。上升式的追问，是顺势而为，是沿着学生的思维往上攀登，在对话中无形地提升学生思维能力。

案例

游戏：课件出示三根小棒，请同学们报数，学生立刻报出"3"，接着出示一捆小棒加5根，学生很快报出"15"，接下来，出现一个盒子，里面的铅笔有长有短，有的只露出一个铅笔头。

生1：老师，从表面看，能看到有9支铅笔，但是不知道里面还有没有？

生2：肯定有，可是到底有多少，我不敢确定。

师：你还能想办法表示出铅笔的数量吗？

生：可以用一个字母来表示数量。

有规律地摆，可以用字母表示摆的三角形的个数，摆a个三角形用（a×3）根小棒。这里的a表示的是三角形的个数，可以是任意的自然数。有了这样的认知基础，我们应该把学生的思维再次提升，于是：

师：观察黑板上的图形，你还想研究什么？

生：我们还想研究如果摆a个四边形，五边形……

师：你能用一句话表示所有的研究情况吗？

生1：摆a个a边形，用a×a根小棒。

生2：我不同意他的观点。这里的a表示的是同一个数，比如a如果是5，只能表示5个五边形，就不能表示出其他图形的情况了。

师：你有什么好办法吗？

生：换字母表示。用 b 表示多边形的边数，小棒的根数就等于 a×b。

师：刚刚我们研究出 a 可以表示任意的自然数，这里的 b 呢？

生1：b 也可以表示任意的自然数。

生2：b 如果是 2，就不是多边形了，b 如果是 0，就没有意义了。

（摘自江云老师执教的苏教版数学五年级上册《用字母表示数》教学片段）

评析

阶梯式的追问一层层激起学生思考的浪花。第一层追问，在学生研究出摆三角形需要小棒根数问题之后，追问他们还想研究什么，激起学生思维的火花，体会到用字母来表示规律的重要作用。第二次追问，让学生用一句话表示所有的想法，孩子们的思维再次得到飞跃，他们想到可以再用字母来表示多边形的边数，并且在思辨过程中，发现要用不同的字母表示不同数量。第三次追问探究，b 可以表示哪些数，让学生更加规范地感受到字母的取值范围。课堂中每一次看似不起眼的对话，都能在学生的思维处激起浪花。

阶梯对话是学生思维从量变到质变的台阶。"问题引领"的教学模式，强调把学习引领到复杂的、有意义的问题情境中，通过学习者解决问题来学习隐含于问题背后的学科知识，形成解决问题的一般策略，并在对话与思辨中进一步提升思维能力。因此，在数学教学实践中，应该对问题进行精心设计，不能浮于表面，它不是问题的累加，应该是问题的递进、是思维的阶梯，是一个引领学生思维从量变到质变飞跃的过程。

12 ｜审美对话——让美溢于言表

张雪莲
孙永将

> 美是一种潜在的东西，它始终存在着。文本的美，往往以深度潜水的姿态隐居于语言文字之中。审美对话，就是在对话过程中深入文本，挖掘体会文本中遣词造句的美妙。

案例

师：多少楼台（　）雨中，你觉得还可以替换成什么字呢？

生1：细雨，就是春天的绵绵细雨。

生2：春雨，因为写的是春天的景色，所以春雨也可以。

生3：杏雨，春天有杏花，杏雨也符合季节特点。

师：大家都成了小诗人了，说得很好！那你和原诗对照一下，你觉得"烟"字是最好的一个选择吗？

生1：我觉得诗人就是想营造一种和前两句明丽春景不一样的景色——朦胧之景，写出江南春天的另一面。

师：分析得很有道理，江南的春天理应是多姿多彩的，当写出不同来！

生2：我觉得诗人是在下雨的天气中赏景的，春天的雨是一丝一丝的，细细密密的，看起来就有一种烟雾迷蒙的感觉，所以"烟雨"更形象。

师：你结合了春雨特点来理解，解释很合理。

生3：诗人说"南朝四百八十寺"这么多的寺庙一定有很多人烧香拜佛，就有烧香产生的烟。而且当时统治者滥修佛寺，诗人也可能是在借"烟雨"讽刺统治者的荒淫无度呢！所以"烟雨"能够一语双关！

师：你很有想法，能结合当时的社会风貌进行推敲，这个"烟"字越来越有味道了！经过大家的反复推敲，"烟"字果然是最合适的选择！

（摘自张雪莲老师执教的统编版语文六年级上册《江南春》教学片段）

评析

审美对话从一字着手，审美的同时也激活课堂。这是一首较为通俗易懂的诗，学生在自学阶段就可以完成对诗句的理解，但是作为语文教师就是要提出学生自学过程中想不到的问题，在帮助学生感受诗人用词用字之美的同时，也能让学生的思维"活动"起来。多角度的审美，引发了学生思维的发散和创新。一字一词的审美，虽然只是抓了一两个关键词，却起到了"牵一发而动全身"的功效，审美的对话活了，学生的思维活了，语文课堂也就美了、活了！

审美对话，与文本对话，体会文字背后的美。语言文字承载着诗人的认识和情感，而字词是语言最为基本的元素。语文教学如果能从一个字一个词出发，深入到文本深处，反复地揣摩和推敲，就能够引发学生对字词不一样的感悟，激发学生的好奇心、求知欲，从而挖掘字词背后描写的画面和表达的情感，也就能体会文本的美，这就是与文本进行审美对话。

13 | 实操对话——将抽象变直观

殷莹滢
陈青清

> 实操对话就是实际操作的对话，通过直观的操作，把抽象的内容变得具体直观，更便于学生理解和掌握。学生在动手操作时，可以对操作的具体步骤和呈现结果进行描述，或对图象进行分析，明确题目信息，理清数量关系，从而提升分析问题和解决问题的能力。

案例

师：今天，我们一起来认识长方形和正方形的面积，你知道它们的面积分别怎么计算吗？

生：长方形的面积＝长×宽，正方形的面积＝边长×边长。

师：看来，大家都知道长、正方形面积计算的方法，那你知道这个公式是怎么推导出来的吗？用你手边的小正方形摆一摆，看看你有什么发现？

生1：长方形的长是5厘米，一排可以摆5个小正方形；长方形的宽是3厘米，可以摆这样的3排，一共有15个小正方形，所以长方形面积就是15平方厘米。

生2：小正方形的个数就等于长方形的长乘宽，所以长方形的面积＝长×宽。

师：那正方形的面积呢？

生：正方形是长和宽相等的特殊长方形，所以正方形的面积＝边长×边长。

（摘自殷莹滢老师执教的苏教版数学三年级下册《长方形和正方形的面积》教学片段）

评析

　　实操对话能够使得知识点更加直观地呈现出来。本课在教学前，学生对于长方形、正方形的面积公式已经有了一定的了解，所以教学重点放在公式的理解和推导过程上。通过动手操作，学生直观地发现：长方形的长等于一排摆的个数，长方形的宽等于摆的排数，长方形的面积等于小正方形的个数，由此推导出长方形的面积公式。

　　实操对话在实施时策略要多元。在数学教学中有许多需要学生进行动手实践操作的内容，教师要基于小学数学学科的教学特征，运用多种教学策略，培养学生的动手操作能力。如低年级更侧重于教具的摆一摆、看一看，直观帮助学生理解相关知识，而高年级则更多借助动手做图解决实际问题。多元的实操策略可以针对性地提高学生的数学思维能力和实践操作能力。

耿继勤
赵　静

14 ｜通感对话——多感官协同体验

> 艺术通感是一种五官感觉之间的挪移与沟通的心理机制和表现方法。通感对话是以一般通感为基础进行的多种感官一起体验的交流方式，这是对艺术的审美进化与升华的成果，同时也能够培养学生多样的表现能力，形成基本的艺术认知能力。

案例

师：《小小雨点》这首歌描写了春天里的哪些景色？

生1：这首歌描写了春天下雨时，雨点落在花园里，落在鱼池里，落在田野里的景象。

生2：还讲了花儿喝了雨水，乐得张嘴巴；鱼儿喝了雨水，乐得摇尾巴；苗儿喝了雨水，乐得向上爬。

师：你能模仿一下雨点是怎么下的吗？（提示学生用舌头发出"咔"的声音，用这个声音在每小节的强拍处出声）

师：还能怎样表现下雨的声音？（可以用手指头在强拍处弹一下书本）

师：小雨和花儿、鱼儿、苗儿是怎么对话的？你能用身体表演出来吗？谁来用动作模仿花儿是怎么张嘴巴的？鱼儿是怎么摇尾巴的？苗儿是怎么向上爬的？

生1：开心地张大嘴巴喝水——"哎呀呀，雨水真香甜呀！我要开放啦！"

生2：快乐地摇着尾巴——"哎呀呀，雨水真暖和呀，我要跳舞啦！"

生3：高兴地往上爬——"哎呀呀，雨水真干净呀，我要长高啦！"

师：模仿得真棒！真是一个个小小表演家！请小朋友们都来扮演"小小雨点"和花儿、鱼儿、苗儿一起随着音乐边唱边舞起来吧！

（摘自耿继勤老师执教的创编表演歌曲《小小雨点》教学片段）

评析

通感对话能够巧妙生动地开启学生的多种感官通道，打开学生情感的闸门。在本课教学中，教师通过让学生多感官地表演引导学生形象地感受生命的奇迹。"从音乐学习的特点出发，设计生动活泼的教学形式，引导学生主动参与各项音乐实践活动，以获得对音乐的亲身体验。"这样亲身体验的音乐对话活动在一定程度上鼓励了学生个性地表达自己对于音乐的理解，加速音乐通感的有力转换。

多感官演示实现了课堂实践的艺术化。音乐课程的实施离不开表演，这正是音乐课堂上培养艺术通感的基本途径。感觉方式的交换、组合等相互作用，经过复杂的感觉挪移、表象叠加，对音乐作品进行语言、体态、声势等外在的音乐形象的理解表达，"看、听、说、唱、演、奏"的方式形成了丰富的课堂艺术实践。学生在掌握基本知识与基本技能的同时，开拓了文化视野，发展了儿童欣赏能力、表现能力与创造能力，形成了基本的音乐素养。

梁 辰
包玉敏

15 | 图示对话——让思维可视化

> 图示即用图表等直观的方法来表示或阐明，尤其是显示文本中的细节关系。有价值的对话应该能展现出课堂中学生思维变化的进阶性。图示对话就是用思维图示来表达对文本的理解和记忆，同时实现思维的碰撞。

案例

Step 1. Warm up

1. T: I have lots of hobbies, can you guess what are my hobbies?

S: Do you like.. ?

T: Yes, you're so clever, I like riding bikes best, but why ?

S: Because I think...

2. T: Yes, because it's very "green"

Step 2 . Presentation

1. T: Yes, the PM2.5 is so heavy, now let's watch a video called "Our home", please watch it carefully and tell me what things can you see in this video.

S: I can see...

2. T: So today we're going to learn Unit7: Protect the Earth.

T: First, Let's watch the cartoon of the story and circle what are the problems of the earth.

3. T: Water is useful. In many places, there is not much water. So what should we do?

S1: We should reuse and save it.

S2: We should...

4.（同样的方法来学习剩下三段）

T: Read the whole story and underline, what should we do to save water, energy and trees and how can we not use too much plastic?

Ss: ...

5. Check the answer and go on drawing the mind map.

（摘自梁辰老师执教的译林版英语五年级上册《Protect the Earth》教学片段）

评析

  思维图示能够完整形象地展现课堂知识点以及思维拓展出来的内容。初读课文时，学生在教师的引导下画出思维导图，通过听读课文，简单勾勒出文章的脉络。思维图示围绕中心主题展开分支，呈现关键知识点。孩子们不仅写出了课本中的具体措施、各种能源的重要性等，还创造性地增添了许多课外内容。

  图示对话的丰富实现了思维的"网状模式"，极大地激发了学生的想象力和创造力，形成了语言学习过程中探索、挖掘式的高级思维模式。

严巧华
吴俱杨

16 | 整理对话——建构完整知识体系

> 整理知识对学生来说是一种重要的能力。学生的学习过程并不是简单的散点式的学习，随着学习内容的增多，应逐步找到知识之间的联系。整理对话就是在对话中重建知识结构，形成知识网络，提升探究能力，为后续学习和可持续发展奠定厚实的根基。

案例

师：小学阶段，我们已经学习过哪些平面图形？

生：正方形、长方形、三角形、平行四边形等。

师：是的，那你们还记得，我们最初学习的平面图形是哪一个吗？

生1：长方形。

生2：正方形。

师：在三年级时，我们先认识了长方形的周长和面积计算方法，进而又认识了正方形的周长和面积，想一想，这是为什么？

生：因为正方形是特殊的长方形。

师：是的，正方形是特殊的长方形，它具有长方形所有的特征，所以，我们在长方形的基础上就可以推导出正方形的各种公式。想一想，接下来，我们又学习了什么？为什么这样安排？

生1：先学习了平行四边形，是把平行四边形的面积转化成了长方形的面积进行计算。

生2：三角形和梯形的面积又转化成了平行四边形的面积。

生3：推导圆的面积时，是把圆沿着半径切成若干个扇形，拼成一个近似的长方形计算的。

师：是的，可以结合刚才你们分析的过程，将平面图形之间的关系画下来。

（摘自严巧华老师执教的苏教版数学六年级下册《平面图形的总复习》教学片段）

评析

在对话中实现对知识点的整理，从而重建知识网络。平面图形的学习分属于不同年级、不同单元，这样散点式的学习会使学生容易看到局部，却忽视整体。因此，在六年级总复习时，将所有的平面图形以认识的先后顺序进行梳理，帮助学生整理出平面图形间的联系，有助于学生更深刻地理解知识的来源与推导过程，建构完整的知识体系。

整理对话的实施应注重层级分布。在实施整理对话时可以根据年段进行分层研究：低年级——"三段式理答"，以"我会描述""我会分析""我会总结"为抓手，实现儿童自我发现问题、自我提出问题、自我解决问题的课堂实践过程；中年级——错误资源的有效利用，学生整理有价值的错题，尝试分析错因、举一反三，提高学习效果；高年级——思维导图的运用，将思维导图引入新授、复习、整理课，学生尝试画出导图，找寻知识间的联系，逐步形成科学的知识网络结构，发展数学高阶思维。

尤晓婵
郭 冬

17 | 空间对话——润物细无声

> 教室是培育人才的重要文化空间，承担着教育的功能，发挥出一种直接的、隐性的教育力量。教室文化对学生的生活观念、理想价值、行为习惯、道德情操诸方面的形成产生着潜移默化的影响。在课堂上，我们与空间对话，寻找教室中的教育价值。

案例

一、课前准备

教师事先裁剪色彩艳丽的团花和边花作品，装饰班级。

二、游园会

同学们，我们今天一起走进游园会，大家一起去欣赏我们传统文化——剪纸。走进教室，你有怎样的感受？

生：感受到一种热烈的氛围，感觉马上就要过年了。

生：我看到剪纸不仅形状好看，而且样式特别复杂。

师：剪纸是中国传统艺术，剪纸也是一种镂空艺术，其在视觉上给人以透空的感觉和艺术享受。剪纸在民间流传极广，历史也很悠久，在民俗活动中占有重要位置。今天我们就一起漫步在剪纸的乐园中，感受传统民俗艺术的魅力。

（摘自尤晓婵老师执教的劳动《剪纸》教学片段）

评析

　　空间对话就是情境的演绎。新课标明确提出，无论是课程内容的选择和组织，课堂教学的实施，还是教学评价的实施，都应该重视情境，尤其应在真实的情境下进行。情境的创设往往能够充分激发学生们的学习热情，从而也可以使课堂上的学习氛围更加活跃。空间对话将原本课本上的知识转化为具体的情境教学。拥有教育价值的空间，使得学生们在轻松、愉悦的状态下学习知识，从而有助于培养学生们对劳动技术学科的学习兴趣。

　　空间对话润人无声。教室文化，它充满了内生力与育人价值，作为班级文化的一份子，一同影响着学生在教室中的生存样态。学生与空间对话，不着一字，剪纸的文化氛围已默默沁入心扉。教学对话自然生发在游园会的空间背景下，关于剪纸的一切介绍都有了诗意的支持。

18 ｜批注对话——跟着思维写批注

姚梦圆
赵忠媛

> 柏拉图："思维是灵魂的自我谈话。"道德与法治课程以育人为本，批判性思维把德育和智育完美融合为一体。儿童层层追问、多元思考，获得真正的道德认知重构。批注对话将学生隐性的思维路线可视化，在学生道德认知重构的过程中给予最精准的指导。

案例

师：淘淘的房间非常杂乱，书本、衣物、玩具到处都是。而笑笑不仅将房间整理得井井有条还写下了整理日记。我们来看看笑笑的整理日记，请你用作批注的方式把笑笑整理房间的方法进行总结。

生用批注总结方法。

师：那你能用笑笑的方法帮助淘淘整理他的房间吗？（出示淘淘房间图片，引导学生在图片上写出整理方法。）

生1：我写出的整理方法是先对房间的物品进行分类。

生2：我还标注了分类应该按照文具类、玩具类、服饰类、家具四个方面。

生3：我还写下了物品的摆放位置。

（摘自姚梦圆老师执教的综实《学会整理》教学片段）

评析

　　批注对话展示已有认知基础。所有的社会道德认知只有内化成个人的道德认知才算德育工作的完成。学生用批注展示自己的已有认知基础。关于房间的整理，学生在生活中经常面临这样的问题，他们有自己的认知基础，可以通过批注的形式展示已有经验。

　　批注对话指导行为习得。行为习得将道德认知进行实质化的呈现。批注在展示学生已有道德认知表达水平情况基础上，可以引导学生进行深入思考。在思考中老师给予生活情景，学生在接近现实化的情景中寻找提升的方法。批注对话将学生头脑中的思考变成文字，文字性的总结可以引导学生行为发生改变，最终完成行为习得。

19 | 网络对话——敞开互动的窗口

周起泽
许 玥

> 随着科学技术的不断变化和发展，英语教学环境和教学形式也发生了较大的改变。英语配音软件在小学英语课堂上的应用是突破传统方式的一种有效办法。在配音软件中进行英语表达，在网络开启广泛对话的窗口，更有利于促进学生英语综合素养的形成。

案例

1. Honey wants to help...

A) Listen and find Honey wants to help...

T: Honey wants to be helpful. So he wants to help...

B) Read for details: Who？ Where？ What's the matter？

2. How to look after the bud？

A) T: Honey is very sad. Mum helps him. 细读 P17-19，两人合作找出 Honey could. 和 How to look after the bud？

B) 表演 "Look after the bud"

3. Read and experience

A) Students read the sentences "What a beautiful purple flower! Honey, you did a good job！" Students dub the video so as to experience the strength of group.

4. The teacher made a video of the episode. Who will voice this video？Please upload the dubbing to the Fun Dubbing after class.

（摘自周起泽老师执教的英语《Little Mouse Honey》教学片段）

评析

　　网络对话，提升听说能力。在传统英语课堂上，巩固对话就是不断进行机械的练习，易造成学生的厌烦情绪，信息技术可以让学生在网络上进行配音、听写或视频表达等。当然也可以针对学生的掌握程度或合作情况分配不同的任务，以丰富不同练习的形式，帮助学生在有趣的配音练习中提升自己的表达能力。

　　网络对话，拓展学生的英语视野。英语配音作为一种新的辅助英语学习的方式，配音软件为学生提供了便捷、有趣、实用的平台。在这个平台上，学生真正将英语学习融入广阔的网络世界，这世界更加丰富精彩，为小学英语教学注入了新活力。

20 | 现场对话——即兴发挥也很亮

罗玛丽
陈　馨

> 课堂学习中的表达和交流，是学生最真实的即兴发挥，是最真实情感的显现。现实对话是不同思维之水汇集在一起激起的水花。我们敏锐捕捉其中的教学价值，引导儿童在言语的交流中澄清、碰撞、理解、融合。

案例

教师提问：在哪里见到过链条传动装置和齿轮传动装置？

生：我的修正带里是链条传动。你们看，它的两个轮子是分开的，分别套在两个轴上，然后一侧有一个橡皮筋套在上面作为链条。我一使劲，力就通过橡皮筋传递到另一个轮子上了，然后把用过的修正带拉到另一个轮子上。

生：我的和他的不同，我的是齿轮传动。里面只有两个齿轮套在底座的轴上面，这两个齿轮必须卡在一起，而转的时候，这两个是反向转的，所以安这小轮的时候必须反过来安，要不就转不起来了。

生：我的也是齿轮传动，但我的和他的不一样。我的修正带分为两部分，拿出来的是修正带的主体，留在底座上的是三个齿轮，其中一头一尾两个齿轮中间有轴，是用来安装修正带部分的。

教师顺势问同学：为什么一前一后两个有轴的齿轮转动方向相同呢？

（摘自罗玛丽老师执教的苏教版科学五年级上册《自行车车轮转动的奥秘》教学片段）

评析

在现场交流中形成了批判性思维。教师引导学生结合现实生活的经验发现各种传动装置的不同。思维的火花被激发，学生根据自己的所见所思在课堂上各抒己见、互通有无。课堂上的不同观点代表着学生的个性的思维方式，各种不同想法在课堂上进行碰撞，引起学生的深度思考和探究欲望。学生在思考和碰撞中形成自己的批判性思维。

在讨论中构建集体思维。教师组织学生通过倾听同学的发言，探寻和反思自己和他人的思维模式，使个人思维与集体思维达到共通共融，汇集成一种强大的集体思维。学生在课堂上表达自己的观点，进行有效的双向沟通、思想观念碰撞，自行构建科学思维。现场讨论的过程不仅是学生认知的过程，也是师生、生生情感交融的过程，更是每一位参与者探索科学的过程，它展示了学生富有生命力的学习构建的过程。

学科间的对话

金长宝

学科领域与学生素养之间的关系并非一一对应，而是存在多重交叉关联。因而，跨学科学习也成为核心素养培育的必经之路。2022版新课标背景下，跨学科主题学习应运而生。基于对话学习的理念，围绕某一研究主题开展多学科的教学活动，可以将各学科的知识、概念、原理融入到课堂学习之中。从单一的、较简单的学习过渡到更丰富的学习，能让学习更有现场感、介入感，主动结成学习共同体。在学习中，儿童浸润在学习实践中，增强了自信，自然觉得"我能行""我可以"。

主题活动 NO.1

　　仰望星空是人类最原始最纯粹的思维活动。在天地间畅想自身与时间、空间的关系，儿童也能成为自由勇敢的探险家。在这样的情境里，单纯的儿童或许能成为最专业的学者，他们的"工作"就是仰望星空。在璀璨的星空下，善于"仰望星空"的孩子，拓展了思维的深度和广度，向着更深处漫溯，迈向更广阔无垠的新世界。

师:"太空"——指的是什么?

生:"太"这个字在汉语词语里有"高、大、极端、最"的意思,所以人们将非常之高的天空称为"太空"。

师:随着词意的演变,现在它也有"宇宙"的意思。你知道,古人对宇宙的雅称还有哪些吗?

生:九天、天外、太虚、寰宇……

师:太空有哪些奥秘呢?今天我们就一起对话太空。有一个孩子,和你们一样对太空也充满了好奇。

阅读故事《数星星的孩子》。

语文学科
《对话太空,逐梦未来》

师:网络上有这样的说法——"一张纸对折50次比地球到月球的距离还要远。"这是真的吗?

生1:我觉得不是真的,地球到月球的距离太远了,纸怎么对折也不可能达到。

师:有道理!有不一样的看法吗?

生2:我觉得是真的,因为我看过这样的报道。曾经有人用很大的纸对折了十几次,厚度有一米多高,所以我觉得多对折几次,是可以达到这个高度的。

师:这位同学的阅读面很广,说得也很清楚。谁再来说说?

生3:我觉得是真的,因为对折一次,厚度是前一次的两倍,不断对折,会是一个很大的数字,所以我觉得是真的。

师:这位同学已经知道"次方"的概念了。科学的论断需要进行严密的研究,我们一起来探究一张纸的太空旅行,去揭开其中的奥秘!

数学学科
《一张纸的太空旅行》

教 室 里 的 对 话

美术学科
《遨游太空》

师：我们来欣赏一组图片，这是哪里？
生：太空。
师：你在浩瀚无际的太空中发现了什么？
生：星云、星球、流星……
师：这些太空中的物体给你留下怎样的印象？
生：色彩丰富、形状多变。
师：人类一直从未停止过对太空的向往。在神秘的太空中居住，会遇到哪些意想不到的成员？
生：外星人、神秘的物种……
师：如果让你飞到太空中，你觉得会发生什么有趣的事呢？
生：飘浮在空中，自由地翱翔……
师：太空里都充满着新奇、神秘的事物，让我们看一看其他小朋友是怎么表现神秘的太空的，他们笔下的太空发生了哪些有趣的事情。

综合性学习
《太空日记》导读

师：同学们，如果给你一次遨游太空的机会，你想去吗？
生：想！浩瀚无垠的太空有着无穷的秘密。自古以来，人们就对太空有着极强的好奇心，从未停止探索太空的脚步。
师：通过之前的语文学习，你对太空生活以及我国在航天事业的建设都有哪些了解？
生1：二年级《太空生活趣事多》一课，作者用有趣的文字，从喝水、洗澡等方面向我们介绍了在太空生活特别的地方。
生2：三年级下学期的16课，作者对于宇宙展开了奇妙的想象，想象出了一个和现实社会相反的世界。
生3：在四年级，我们了解到千年"飞天梦"能够在今日得以圆梦，是和千百年来中国人的不懈努力和奋斗联系在一起的。
师：目前，我们的"飞天梦"仍在不断向前发展，建设航天强国是我们不懈追求的航天梦。老师推荐你们读《太空日记》这本书，你们会对我国的航天事业有更深的了解。

赏析：

"太空"——这个词本身就是内涵丰富意蕴无穷的。在主题学习活动中，"太空"成为探索学习的最佳主题。它让儿童经历着对未知的认识和对未来的畅想。由此构建的学习空间无疑是一个崭新的探究平台。在这里，儿童可以天马行空地自在遨游，他们挣脱了成人惰性知识的束缚，每走一步，都是在攀登新的阶梯。作为教者，他们由"太空"引发思考，构建出了教学内容。随着对话的深入，新的学习内容也在不断产生。可以设想，今后会有无穷无尽的"新课程"被开发出来。在跨学科的对话中，儿童在实与虚之间，在过去与未来之间，自在穿梭，乐在其中。"跨界"实现了知识的跨越，引领着儿童思维的进阶，更引领着一场新的学习变革。

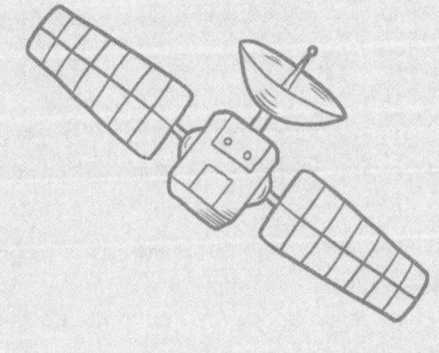

主题活动 NO.2

经历了影响深远的疫情之后，很多科学家和国际组织都站出来，呼吁政府考虑"绿色复苏"。在当下，生存环境的开拓处于时代复苏的核心位置，海洋无疑就是新的"蓝色动力"。寄托着人类希望的孩子们，他们未来生活的时代也会是一个"海洋时代"。然而，他们当中的大多数，还没有真正了解海洋对人类社会有多重要，他们对海洋的认识和了解显得陌生而新鲜。海洋是地球生命的一部分，更贴切地把握海洋的生命特点、构建新时期海洋的思维，应当从儿童开始……

师：你听到了什么声音？音乐流露的情绪和旋律的速度是怎样的？

生1：听到了海浪冲击岩石的声音。

生2：音乐的速度稍慢，旋律深情舒缓。

师：你会用怎样的方式表现海浪冲击岩石的状态？

生1：可以用体态律动的肢体动作表现。

生2：双手由近及远地向前方缓慢推开，用稍强的力量表示海浪拍打到岩石的感觉。

师：可以用怎样的方式表现出音乐中一层一层掀起的浪花？

生：跟随旋律的乐句感，用手臂起伏变化手势的高低，延伸出不同幅度的旋律线，表现出一层一层掀起的浪花。

师：你还能借助哪些"工具"表现音乐形象？

生1：借用打击乐器"海洋鼓"，模仿海浪的声音。

生2：借用"鼓"表现海浪与岩石碰撞的响声。

……

音乐学科
《大海啊，故乡》

美术学科
《海洋世界》

师：哪一种海洋生物给你们留下了深刻印象，外形有什么特点？

生：我最喜欢大白鲨，因为它是唯一一种可以把头部直立于水面的鲨鱼，月牙形尾巴特别可爱。

师：还有哪些东西特别可爱，色彩感觉如何？

生：灯笼鱼，它是海洋里行走的灯笼，身上有能发出晶莹夺目光泽的小圆形发光器，深深地吸引了我。

师：除了用画笔外，还可以用什么方法营造梦幻的海洋世界呢？

生：可以用不同蓝色的彩纸撕出背景，还可以用石英砂与丙烯颜料调和出有凹凸质感的背景，再配上梦幻的蓝色网纱。

教 室 里 的 对 话

科学学科
《丰富的海洋资源》

师：黄河和长江最终流到哪里去了呢？
生：大海。
师：海洋占地球表面积的多少？
生：地球上的海洋面积约为3.62亿平方千米，约占地球表面积的70.8%。
师：广阔的海洋里有哪些生物？它们生活在哪里？有哪些生存的本领？
生：海洋中有丰富的水和生物。
师：除了生物资源，海洋还蕴藏着丰富的矿物资源、化学资源和动力资源，所以它被称为人类的资源宝库。
师：这些资源是取之不尽用之不竭的吗？现在海洋面临什么样的危机？
生：海洋资源不是用不完的，我们要合理利用、保护海洋资源。
师：为了人与海洋和谐发展，请同学们一起献计献策，做一个保护海洋的方案设计。

综合实践学科
《比较陆地和海洋的面积》

师：海洋和陆地的形状都不是规则的图形，而且陆地的面积也不是连在一起的，我们怎么比较呢？
生：可以把它们看成最相近的规则图形，量出"底"和"高"，计算出面积。
师：大家觉得他的方法怎么样？
生：他的方法不够严谨，有的陆地形状一点都不像我们学过的三角形或者四边形，面积不好计算。
师：那还有什么更好的方法吗？
生：可以把这些陆地的形状剪下来，然后拼一拼，看看能不能结合出一个规则图形。
师：这个方法怎么样？
生：我觉得这个方法可以，但是会破坏我们的地图，这样的话地图只能使用一次……
师：老师向大家介绍一种方法，（出示带格子的透明卡纸）这个东西可以怎样帮助测量呢？
生：直接蒙在地图上，我们数格子就行了。
师：那我们怎么数才不容易遗漏呢？
生1：我们可以横着数或者竖着数，这样就不会漏。
生2：我们可以把半格算作半格，小半格和大半格加在一起算一格。
师：海洋的格子数 = 格子总数 – 陆地格子数。

赏析：

每个孩子心中都有一个关于海洋的梦。营造梦幻的海洋世界，自然能够激发对广阔海洋的思考与遐想。在这样特定的学习情境中，一个具体细微的问题，就可以引发深度的思考。此时的对话是最有效、最真实的，思维的碰撞显得直接、清楚、有效。由此可见，师生之间、生生之间的对话，看似平淡无奇，实则简约而不简单，教师只需要作为一个问题的引出者、材料的提供者等角色而存在着。适度的放手反而能促使学生获得更加真实的体验，能有效培养学生形成自主探索的精神，继而提升学生的核心素养。面对一个个活泼而智慧的学生个体，老师们一直在对话空间里不停探索，努力让学生的活动有效度，让情感的体验有高度。

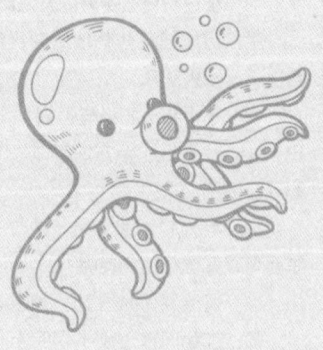

我们的语文馆

李 敏

学校的语文馆不仅是有着丰富馆藏的图书馆,更是一个神奇的魔法空间呢!老师们为小叮当打造了有着不同功能的活动区域。在这里,小叮当们不仅可以尽情在书海遨游,还能利用AR等科学技术收获不同的体验,甚至还能穿越时空和古人聊天呢!快来和我一起来参观我们的神奇语文馆吧!

阅读区

这里陈列着很多很多的图书,绘本、童话、小说、科普读物,应有尽有。孩子们可以凭自己喜好挑选书籍。温暖的阳光从大大的窗户里洒进,孩子们或坐在高椅上,或倚在沙发里阅读,将自己放松地交给书本。

书法区

书法区为孩子们提供了"文房四宝"——笔墨纸砚。一靠近这里就能闻到一股独特的墨香,桌上摆放着型号不同的毛笔、漂亮精致的镇纸、光滑白皙的宣纸。孩子们在这里可以领略书法的独特魅力,欣赏名家的作品,还可以拿起毛笔自己试着创作。

沙龙区

老师们贴心地为小叮当们开辟了一片读书交流的区域。孩子们围坐在长条桌边就自己感兴趣的话题进行讨论，你一言我一语分享自己的观点。另一边还有几个小动物形状的矮凳，几个小伙伴凑在一起共读一本有趣的书籍，哪里有意思便聊上几句，别提多自在啦！

展示区

语文馆还是小叮当们个人风采的展示空间呢！你瞧，这一大片区域就是展示区啦！有绘画、书法、写作等特长的小叮当们可以向老师申请举办自己的个人展览哦。

未来体验区

数字大屏、AR体验、智能机器人……这些极具科技感的设备居然也出现在语文馆里啦！小叮当们可以利用这些穿越古今，和先辈对话；可以将阅读收获以更直观的方式进行交流；更可以与智能机器人就某一话题展开讨论呢！

精彩活动

例1：参观异形书书展

异形书书展在语文馆盛大开幕。置身其中，同学们的脸上写满了好奇，他们时而高谈阔论，时而低声细语，时而又喃喃自语……

异形书书展,带给孩子们别样的体验。这种书外形不同寻常,暗藏玄机。折叠式的异形书采用独特的开本设计,全景式展开,用来绘制地图最合适不过;灯笼样的异形书每一面都有着动人的画面和故事,灯笼旋转,带孩子们走进一个个民间传说……将不同的内容制作成形式合适的异形书,让孩子们有了全新的阅读体验。将所阅读到的内容内化于心,再用制作异形书的形式外化于行。各式各样的异形书陈列在语文馆中,无声地诉说着多彩的故事。当儿童走进这样的学习场,对话,便在学生与书本间、学生与同伴间、学生与自我间悄然展开……

例2:与作家一起聊读书

人间三月春意浓,语文馆内春光正好。在4月2日"中国儿童读书日"来临之际,著名儿童文学作家杨红樱老师走进语文馆,与同学们分享阅读的美好。孩子们和自己喜爱的作家面对面、零距离,心中激动万分,小脑袋里有无数的疑问等待着杨红樱老师解答呢!

活动期间,杨老师用幽默风趣、贴近儿童生活的语言,讲述了自己的成长经历和读书故事,饶有趣味的语言让小叮当们听得十分着迷。其对儿童文学的热爱、对阅读与写作独到的见解更是引爆了全场,小叮当们一下就感觉和杨老师的距离拉近了,似乎对话着的不是著名的儿童文学作家,而是和他们一起谈天说地的邻家大姐姐。

一个个小故事生动有趣、引人入胜,让孩子们充分感受到作家浪漫的童心和独特的想象力。一只只小手高高举起,迫不及待地想和偶像对话,交流童年的有趣经历。在杨老师的引导下,小叮当们也发现生活中的一事一物皆是写作灵感的来源,也意识到自己当下的很多有趣、美好的经

历常常被忽视，留心观察，自己也能像作家一样创造，记录、书写出属于自己的精彩故事。

例3：用翰墨书写美丽童年

语文馆里翰墨飘香，原来是小叮当们正与笔墨纸砚共度一段美妙的时光。借由 AR 增强现实技术，语文馆内成了书法的天地。小叮当们一走进语文馆便被各种书法作品吸引。屏幕前，正有小小讲解员叙说着书法的悠久历史，赏析着不同书法名家富有个性的行笔风格，一幅幅碑帖随着讲解在小叮当们的眼前展开。他们听着、看着、想着……一双双小手拿起毛笔在纸上写着，有的刚刚学会握笔，在纸上留下一个歪歪扭扭的"一"字；有的有模有样地在临摹字帖；还有的胸有成竹，书写出独具风格的作品……

借助语文馆里的信息技术，实现"场景再造"，营造"我和书法家一起写字"的书写场景；利用可视化 VR 技术，实现与书法家的互动体验；借助 AR 增强现实技术，还原传世名作的创造过程。置身这样的环境中，孩子们的认知投入被激发，书法不再是换个工具写汉字，而是包含丰富内涵、可以彰显独特个性的表达方式。儿童在与古人、与作品的对话中发现更全面的自我。

我们的心声

汤岩青：异形书太有创意了。想到要制作这样有趣的书是因为我在家里读到了《孟母三迁》的故事，这个故事让我觉得特别感动。我就想把这个故事用不一样的方式记录下来，于是和同学们一起制作了异形书。

邓嘉绮：我最喜欢在语文馆里读书了，任意从书架上抽出一本书都非常有意思，和小伙伴们一起坐在高椅上阅读，阳光透过窗户洒在我们身上，暖暖的，这是我最放松的时刻。

黄子航：能见到喜欢的作家杨红樱老师，我特别激动。杨老师和我们围坐在一起，讲她小时候的故事，解答我们各种稀奇古怪的提问。我也要和杨老师一样，把自己生活中发生的趣事记录下来，长大后也要成为一名作家！

张恬一：语文馆太酷啦！居然还有 AR 技术，我仿佛真的穿越到了古代，看到了那些著名书法家们留下传世名作的过程，真是太震撼了！我才刚刚学书法，光看字帖模仿总觉得不得要领，现在我终于知道了，起笔、行笔、收笔都是书法家在和我们"说话"，我得仔细聆听。

03

不可忽略的对话

对话，可以是这样的！

聚光灯亮，孩子们用英语和经典对话，徜徉在异域文化中与世界对话。

屏显闪闪，PHP，PYTHON，C++……的熟练应用，我们探索现在与未来的对话。

小桥边上，樱花树下，放学途中，家庭晚餐……

六年的60个陪伴，我们和爸爸妈妈一起你说我说，好不开心！

其实，天地间充满了各种各样的对话：无声的、有声的、和自己的、和他人的、自然的、生活的，不论何种，对于我们来讲，都是宝贵的。

对话，银城园里看得见的风景！

英语创编剧《丝绸之路》的故事

高倩文

儿童英语剧的台词既需要贴合人物的性格，又需要符合儿童的认知水平，剧本中的对话都是经过精心设计和安排的，用字和造句上都是很精炼的。孩子们可以从中学习到对话的方式、态度、语气以及情感的表达，提升语言能力。

例1：节选自英语创编剧 Silk, Eternal Road

船舵手：Oh my god! How terrible! How dangerous! Catch something guys!【众人抓栏杆扶柱子，声音低沉，语句短促】

May：What happened？【声音颤抖，显示害怕】

Before they reached to land, their ship was intercepted by a group of people with one-eye blindfolded.

学生的发现　在对话中，舵手的三个单词 Oh my god 短促、有力，体现出当时遇险的出乎意料，以及他的惊恐、无助的状态。三个短句，读起来刚劲有力，目的是引起船上人的注意。同时这三个句子不需要背诵，是在一定情境中，在与其他角色互动中，自然地流淌。

语音语调里也含有很多感情成分和情绪成分，有时还有很多非常微妙的东西，都是难以用文字表达的，所以对语音语调万万不可掉以轻心。要在认真揣摩里边细微变化的同时和人物对话，体会人物的情感。同时注意语言节奏的变化，跌宕起伏的节奏更容易引人入胜。人物的语言节奏加快，会营造出一种紧张的氛围；语言节奏放缓时，则又回归到平静祥和的氛围。

例2：节选自英语创编剧 *Silk, Eternal Road*

张骞：Who are you?

【海盗们不屑一顾，奇怪地看着梅身上的物品】

海盗A：What's this?

May：It's an earphone. You can enjoy music with it. I beg you give it back to me.

海盗B：Amazing!【惊讶状，声音响亮，动作有力】

海盗C：Unbelievable!【惊讶状，停顿时间长】

海盗A：Rubbish!【扯下丢掉】Nobody uses it around us.

May：【双手伸出来，可怜巴巴地看着被丢掉的耳机】Oh my Beats headphone! It's so expensive!

海盗C：Are you kidding? Beats? You want to beat me?

海盗A：Go on rummage!

海盗B+C：Yes, sir.【海盗翻张骞带来的百宝箱，嘴里喋喋不休】

海盗A：【披身上转圈】How beautiful the silk is!

张骞：Hey! Your hands are dirty! The silk is our speciality. Be respect to it, OK?!

众随从：【重复】Be respect!（害怕又护主的语气，节奏缓慢，语调上扬）

海盗 B： How wonderful the porcelain is!

张骞： Hey! Handle it gently! It's so precious!

众随从：【重复】So precious!（同上）

学生的发现　根据角色的表达目的、潜台词、内心独白来改变语言节奏。表达喜悦的台词，我们可以多连少停，让节奏轻快活泼，比如剧中来自21世纪的May，介绍自己的耳机时的台词就可以缩短句与句之间停顿的时间，以此表现出小女孩的兴奋和见到海盗时的激动，更符合21世纪孩子的心境；表述要点的台词，我们可以增加停顿的频次，延长停顿的时间，让节奏放缓，如张骞在介绍中国的丝绸和瓷器的时候，声调上扬，语速放缓，更符合张骞的性格和身份；表现紧张的台词，我们可以加强语气，加快节奏，使其短促有张力，如在被海盗捆绑强行夺取物品时，随行人员有的低头，有的躲在货箱后面，有的半躺在地上，虽然害怕，但又想保护国家财产，声音虽然颤抖着，但气势却不弱；同时这种"坐针毡"的情境设计，让冲突更细化，激发对话成长。

儿童剧是孩子们喜欢的表演形式。在表演时，参演者依照剧情需要与舞台对话；利用不同场景的切换和不同情境对话；穿戴不同的服饰，和所扮演的角色对话。剧目要想得到学生的共鸣，就一定需要学生参与创作。那么丝绸之路的故事，如何能够吸引观众、增强代入感呢？在筹备之初，我们就和学生进行了角色扮演的讨论。

老师：小彭，你最想演哪个角色？

小彭：我喜欢21世纪穿越的小女孩，我比较活泼，和人物形象吻合。

老师：那么你们觉得，如果我们把丝绸之路的故事搬上舞台，怎样才能更有趣？

小陈：老师，我觉得我们可以在海域部分的故事中加入海盗抢劫的剧情，海盗凶恶，说台词的时候可以提高声音，最好表现得面目可憎，增加冲突感。

老师：那具体如何呈现呢？海盗、张骞和随从都应该怎么表现呢？

小王：我觉得张骞应该临危不惧，娓娓道来，不能慌张，展现强国风范。

小刘：我认为演海盗应该目空一切，声如洪钟，威慑人心。

小邵：我觉得随从应该是唯唯诺诺，祈求饶恕，但又想保护张骞和国家的文物，我想语句应该短促但坚定吧！

在排练初期，我们参考了孩子们的观点去寻找合适的演员，既要能演出海盗的嚣张、张骞的睿智、小姑娘的机灵，又能呈现出不同地域人物的特点。我们和小演员们一遍一遍地排演，不断地让学生朗读、听语调、品感情，一个停顿、一个重读、一个升调都反复揣摩。为了能体现海盗的凶神恶煞、张骞的沉稳大方、泰国国王的热情好客，孩子们一轮一轮地模拟，尤其是在海上遇险的环节，通过语调、动作的不断打磨，展现出不同人物各异的心理活动，和角色对话。

与儿童对话让我们的剧目从"镜框式舞台"转变为"生长环境剧场"。在剧目的表演中，从师生关系的"教师中心"转变为"儿童中心"，从"剧本先行"转变为"角色先行"。儿童进入到丝绸之路的特定虚构情境中，角色生长、情节生长到话语生长呈现螺旋上升逐步生长的过程：角色生长促发情节生长，角色和情节生长共同促发学生的话语生长。

春之声

徐 萍

"春天，使大地复苏，使小草穿上新衣，使花朵儿把胭脂粉都擦上脸蛋……同学们，值此春暖花开时节，我们这学期的美术叮当月月乐活动也即将开始咯。本次活动的主题就是——春之声！"

当老师召集不同年级的学生代表布置创意布展实践内容，并告知将以春天的"花"为主要创作表现对象，运用不同材质表现花时，学生们纷纷讨论开来——

甲：老师，我们可以画花，春天里的花五彩缤纷，我们可以按照不同色彩的花进行归类悬挂展示。还可以按照不同画种展示，比如丙烯画、国画、砂纸画……

乙：如果都是画的花，形式太单一了，要注意立体平面，相得益彰。还可以手工制作花，低年级的同学可以选择容易塑形的毛条制作，中高年级的同学可以用不同的纸材制作，低年级做得小一些，中高年级的可以做得大一些，增加展区的立体感和氛围感。

丙：我们还可以用"花"来装点生活用品。我们班很多同学都有丙烯马克笔，画起来可便捷了。周末跟爸爸妈妈去公园踏青时看到很多小朋友手拿风车、阿姨们也拎起轻便的手提袋，都是透明的PVC塑料制品，如果画上花卉做装饰，会更有春天的气息。

哇，看来他们有话要说！作品"文创化"，更是一下子活跃了"对话"氛围。

丁：今年是兔年，我们还可以利用兔子造型，用花装饰"兔的纹样"。展区可以营造成春天的森林，大大小小的经过装饰的兔子出没在其间，有一种虚虚实实之感。

"还可以用花装饰一些圆木片。木片的质感和森林的氛围也恰好契合。"又有学生补充道。

……

就这样，大家你一言我一语，化无形为有形，巧思妙构，把对主题和作品的理解融进整个展厅的创意设计中。通过一系列的"对话"，有效地建构起作品与主题之间的内在联系，合理强化了展示形式与主题之间的对应关系。

最后，大家还集思广益，分工合作，一同列出了一份布展计划。

布展主题：春之声

布展地点：东校区一楼南侧长廊

展区色调：以绿、黄、粉、蓝为主要色调

各年级布展内容：

◎一年级：春花烂漫＋风吹过的地方

内容：南京绒花、风车装饰

区域：大厅圆桌摆放、角落空中悬挂

◎二年级：绿野仙踪＋树上的故事

内容：兔子装饰、木片画

区域：走廊东侧墙面粘贴、图书馆门前展架悬挂

◎三年级：春日来信

内容：PVC手提袋、蝴蝶装饰

区域：图书馆对面一侧空中悬挂，网格挂

◎五年级："植"喜欢你

内容：砂纸画、纸工花

区域：大厅左右两侧网兜悬挂

◎六年级：我们有"画"说

内容：丙烯画＋国画

区域：大厅四面灰墙、大厅入口处悬挂

此次美术叮当月月乐"春之声"主题布展实践活动的开展，带给我们太多启示：

是"画"还是"话"？

绘画是孩子们的"初语言"，也是孩子传达信息、表达情感的方式。透过一幅画，我们可以了解孩子们无法用言语表达的情绪，绘画帮助我们更好地与孩子沟通，成为真正懂孩子的老师。以画读心，以画沟通，以画育人。"画"成为师生、生生间"话"的桥梁。

是"展"还是"场"？

对话意味着自我与他人的平等，讲求"在场性"。布展让参与实践的学生由原来艺术创作的一个人的"独白"走向一群人的"互动"；由个体的一幅画的"陈列"走向群体的一组画的"布局"；由一面墙的"装饰"走向多维空间的"重构"。"展"为师生、生生构建了充分对话的"场"。

是"梦"还是"创"？

在布展实践活动中，孩子们自由表达、敢于筑梦。他们表现所见所闻、所感所想，将作品结合主题与形式别样呈现，通过具体且形象化的语言表达相同主题，展现不同"味道"，罗列着"色香味"俱全的对话样态。"梦"为学生带来"创"的乐趣。

旋律的想象

赵 静

《云雀》原是一首罗马尼亚民间乐曲,乐曲描绘了春天里的云雀在高空展翅自由滑翔又时而以密集急促的节奏振翅翻飞的形象。不同国家的音乐家对于这首乐曲也有自己独到的见解。这首乐曲曾在中国广为流传,中国的音乐家曾用排箫、板胡等乐器演奏过。四年级的同学们根据自己所学知识,充分发挥想象力,想象出了多种小云雀的形象。

在欣赏《云雀》之前,我先穿插了一个小故事:"同学们,你们知道吗?传说,奥地利作曲家舒伯特有一次在郊外的饭馆里吃饭,忽然听到云雀的叫声,当即写了一首歌曲《听听云雀》。可见,云雀的歌声是多么迷人。今天,就请你们一起来听听云雀的歌声,听完音乐,你觉得可以怎样去表现这只小云雀呢?"问题抛出,学生们进行了热烈的讨论。

我随机挑选了"跃跃欲试"的 A 同学,向他问:"你是怎么想的?"A 同学腼腆地说:"我觉得用舞蹈的形式表现最合适,可是我不会跳舞。"我鼓励他说:"你的想法非常好,虽然不会跳舞,但是你的想象非常贴合这段音乐,你可以用自己能做到的方式来表现。"话还没说完,A 同学立刻补充道:"对了老师,我们还可以用画旋律线的方式去感受音乐,就像小云雀在飞。"我对他竖起了大拇指:"说的没错,那我们就先伸出手来,一起来感受一下云雀的飞翔轨迹吧!"

同学们听着音乐,纷纷伸出手,跟着音乐一起画旋律线,在与线条的对话中感受音乐的高低。

初步掌握乐曲的情绪、段落后，我进一步激发学生的想象："听啊，这音符、节奏，如云雀上下翻飞，除了画旋律线，我们还可以用怎样的方式感受音乐呢？"话音刚落，很多同学举起了手，等待着表达自己的想法。

B同学：我们可以用声势律动表现，比如用肢体动作模仿云雀的神态。

C同学：我觉得动作可以更精细一些，可以用手腕的上下起伏模仿云雀抖动翅膀的样子。

听完两位同学的发言，大家对他们投以肯定的目光，我说："那我们就将他们的想法带到音乐中去一起感受一下吧！"同学们选择认可的方式，在音乐中或站立、或俯身、或原地抖动手腕。

课上到这儿，同学们对这首乐曲已经非常熟悉了，我趁热打铁，进一步激发学生的想象："这是一只活泼、灵巧的云雀，当它飞翔的时候，会在怎样的场景中进行呢？跟着这段音乐你们仿佛来到了什么地方？看到了什么？听到了什么？"这些问题激发了学生极大的兴趣，同学们纷纷说出了自己的想法：

D同学：他们在森林中开音乐Party。

E同学：两只云雀在森林里比赛飞翔，正在你追我赶。

F同学：我觉得这是一只一边翅膀受了伤的云雀，猎人在追赶着它，它到处躲藏。

G同学：这是一只正在练习飞翔的小云雀，它不断地抖动自己的翅膀，时而高时而低，飞累了还会在枝头休息一下。

……

同学们精彩纷呈的想象,让我满心欢喜。最后,我请同学分组讨论,制定不同的乐曲表现方案。经过大家的热烈讨论和组员之间的相互配合,每个小组大胆尝试,发挥想象……就这样,一首简短的乐曲带给了我们大大的惊喜。

第一组:一群云雀在森林里开音乐会,有的唱歌、有的跳舞、有的弹奏。

第二组:一只受伤的云雀和一个猎人之间的追赶,最后的结局又会是怎样的呢?

第三组:两只刚刚学会飞翔的小云雀,正在空中练习本领,他们互帮互助,你追我赶。

第四组:云雀们在玩捉迷藏的游戏,跑丢了伙伴,心急地到处寻找。

就在这一连串的想象、一连串的对话中,孩子们不断地走近音乐、感受音乐、表现音乐,用不同的形式表现出了一只只神态各异、活泼灵巧的云雀。

听"小哨子"说说话

朱雨灏

"又到了一年的捕鱼季,看看今年渔夫收成怎么样?"看到中间的一条"大河",同学们都在窃窃私语:"这两条弯弯曲曲的线是干什么用的呢?"

我:今天我们来扮演两个角色,一组扮演渔夫,一组扮演小鱼。小鱼在河里嬉戏,当听到哨音,渔夫用手里的沙包捕鱼,被砸到的鱼成为战利品。

小东:老师我们是否可以齐心协力先同时捕一条鱼呢?

"如果默契足够,可以这样做。"我这样回答。

同学们开心地开始游戏,"渔夫"们相互协作,"小鱼"们尽力躲避。

哨音是一种行之有效的对话方式,学生可以在和同伴相互配合中体

不可忽略的对话

验到独特的协作精神。学生在本游戏中分饰两角（渔夫和小鱼），两个角色通过哨音和沙包产生了有趣的对话，小鱼通过在"池塘"中的左扭右扭来躲避渔夫的抓捕，而渔夫听到哨音则需要通过自己的过硬本领用沙包来捕鱼。轻快悦耳的哨音能够使学生身心放松；节奏明快的哨音能给学生以激情；急促有力的哨音能够起到振奋精神、激发兴趣的作用。当学生习惯和熟悉的不同哨音对话后，由衷地觉得通过哨音连接的对话游戏格外好玩。

我：在生活中，在学校里，我们都有自己的好朋友，都特别喜欢和好朋友一起愉快地玩耍、兴致勃勃地说说话。那么在体育课上，你能找到哪些陪伴你每一节课的"好朋友"呢？

小东：我觉得是我们上课用的这些器材，它们每节课都陪伴我们。

小北：我觉得是老师，老师每节课都能陪着我们上课。

我：很高兴大家能把我当成朋友，再在老师身上寻找一下？

小南：老师，我知道了，是哨子，哨子的声音我们最熟悉了。

我：小南真棒，大家想一想，是不是每节课集合、练习时都能听到它的声音？它是你们上课最好的朋友，今天和大家介绍一个游戏，听听"哨子"说说话。

我：游戏叫做"高矮人"，听不同哨音做出不同的动作，请看老师示范。

哨音是和学生另类的对话方式，让学生在听清楚游戏要求的同时明白规则精神。即通过一声声的哨音变化改变自己的身体姿态，从而达到热身和集中精神的效果。这个游戏不是指挥学生做刻板的动作，而是让学生能够听懂、理解哨音的指挥，能够服从哨音的指挥，执行哨音的命令，做到听哨而"动"。

我：今天我们一起和小哨子做游戏，希望大家能听懂它说的话。下面小哨子要给大家出难题了，不知道大家能不能接受它的挑战？

同学：能！

我：第二个游戏叫做听哨音折返跑，游戏要求是听到一声哨我们站着摸锥桶返回；听到二声哨我们绕杆返回；听到一声长哨我们蹲下摸地标返回。

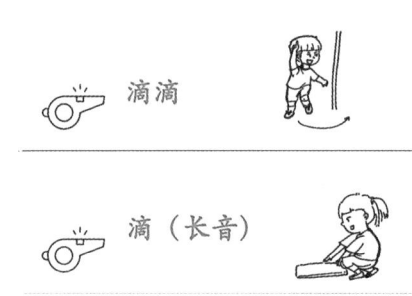

哨音是体育游戏中最美妙的对话，能在快乐游戏的过程中体味愉快的童年。"体育游戏"在传统小学体育教学内容的基础之上有机融入了游戏内容，而哨音又增加了游戏的趣味性，通过哨音声声变换，可以迅

速提示和调动学生,让学生集中注意力,更好地完成不同折返跑的小任务,从而通过愉快的游戏收获快乐童年。

"体育游戏"中有很多不同于其他游戏的对话方式,可以是哨音,可以是口令,可以是呼应,可以是手势等。"哨音"对话真的很好玩,体育游戏不是一个人的独角戏,学生通过不同方式的对话,在和别人的互动中收获到了独特的快乐体验。

《空气占据空间》的延续

陈 馨

缘起

上完《空气占据空间》一课后,孩子们将我团团围住:"老师,我用吸管往水杯里吹泡泡,也是空气占据了空间!""空气看不见摸不着,要是我们能'看到'空气在瓶子里的进出就好了。""老师,我们上次玩的游戏就和这个有关,下次上课做给您看。"

"打住,打住。"我搂住孩子们,连忙说道,"既然大家有这么多想法,那就在课后做一做试一试,下次来分享。"看着孩子们兴高采烈的样子,我不禁也充满了期待。

互动

一周后,我刚进教室,甲就说:"老师,我给大家表演一个魔术。用两个去底的矿泉水瓶,竖直对准乒乓球,慢慢压到水底,不松手。你们看!"只见小球一个在水底,一个在水面,同学们纷纷发出"咦"的声音,央求甲揭开谜底。甲得意地说:"哈哈,有个瓶盖上有孔而已。你们谁想试试?"几位同学上台体验后,我问道:"瓶子里的空气真的从小孔里跑出来了吗?你是怎么知道的?"乙说:"手放在瓶口,感觉凉凉的。"我又追问:"空气跑出去后,这部分空间怎么样了?"乙:"被水占了。"我趁热打铁:"谁能让两个乒乓球都沉下去,再慢慢浮上来?"

孩子们纷纷表示课后要试一试。

深入

第二天刚到学校，几个学生已经在结伴等我了："老师，我们都成功啦，而且方法不一样！"丙拿着无孔的塑料瓶给我演示：先抓住瓶身下压，再拧开瓶盖。丁把瓶盖戳了孔，她先堵住孔竖直向下压，再松手。我将他们的操作过程录了下来，上课时放给全班看，同学们七嘴八舌地解释原因，认识到了空气要占据瓶子里的空间，以及跑出去的空气还会让出空间，对"空气占据空间"概念的内涵和外延都有了进一步的理解。

惊喜

又是新一周的科学课，学生们给了我一个惊喜：他们合作拍摄了一段实验视频。只见他们在瓶中插入吸管，再用超轻黏土将瓶口封住，通过吸管吹气和停止吹气的操作，实现了小球自由的上升、下降。"老师，这是我喝饮料时产生的灵感，不错吧！瓶子内的空间一开始被空气和水占据，吹气时空间全部被水占据，停止吹气，空气出去了，让出了一部分空间被水占据。像不像'水电梯'？"

思考

学生科学概念的构建，往往是通过思考、评价、再思考、再评价形成的。可上可下的小球给了学生很大的思考空间。从小球魔术到"水电梯"，教师与学生分享彼此的思考、经验和知识，交流彼此的情感、体验与观念，学生的主体性得以凸显，个性得以表现，创造性得以解放，从而达成共识、共享、共进，实现教学相长和共同发展。

科学本身就具有很强的神秘色彩，面对纷繁复杂的科学世界时，学生会产生无比的激情和盎然的兴趣。只有让学生喜欢上科学课，沉迷于课堂上的每一个实验，课堂教学才有魅力，这是课堂延伸的动力。科学实验中蕴藏着浓厚的趣味性，强烈地吸引着学生去参与、去探索。在课外自主探究"空气占据空间"的过程中，学生之间各抒己见，互通有无，不同的验证方法也会引起学生的好奇心和探究欲望，通过交流、质疑、补充、完善，批判性思维悄然发生，并初步构建出空间的概念。学生在课外一系列的探究有效地弥补了课内教学的时间、空间的局限和不足，让学生的知识、思维得以更广泛地延伸。在这样的环境下，每个学生都可以突破时空的束缚，毫无约束地独立思考、自主探究，都有表现自己、发展个性的机会，都能在自己的"最近发展区"求得发展。

科学学习也是一个动态的生成性过程，无法完全准确预设，因此教师要学会做学生忠实的观众，敏锐地捕捉信息，把握时机，根据学生的回答及时调整，以智慧开启智慧，让学生在对话中思考，在对话中内化，在对话中沉淀，获得初步的科学探究能力。

学生科学素养的养成是一个长期而又艰巨的过程。适当指导学生进行课外探究的延伸活动，可以把大量的探究时间还给学生，将科学学习置于广阔的背景之中，培养学生的科学态度、科学精神和科学思维，使学生领悟到科学的本质和科学家工作的真谛。

一份班级公约的诞生

赵治军

这是一节有趣的道德与法治课。"同学们,如果让你们自己制定班级公约,你们有什么想法呢?"孩子们一下子炸开了锅,你一言我一语地讨论了起来。

因为本班上学期在中午的用餐过程中出现过一些问题,所以这学期有的小组就格外关注餐饮问题,他们认为既然这一块是班级的短板,那就应该在新的班级公约中提高要求,加以规范、约束。所以他们围绕着这一个问题提了几条约定。

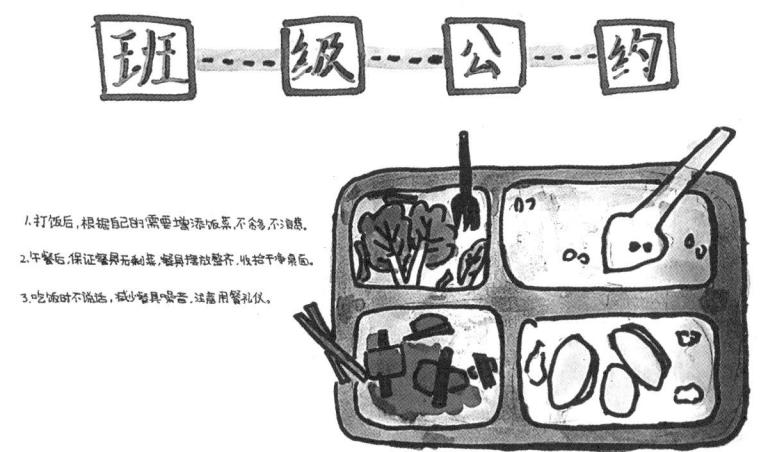

还有小组考虑到保持手部卫生对预防传染病的重要性,因此特别关注"洗手"问题,他们围绕这个问题的几个方面讨论出了关于洗手需要注意的事项,想要将其定为班级公约。

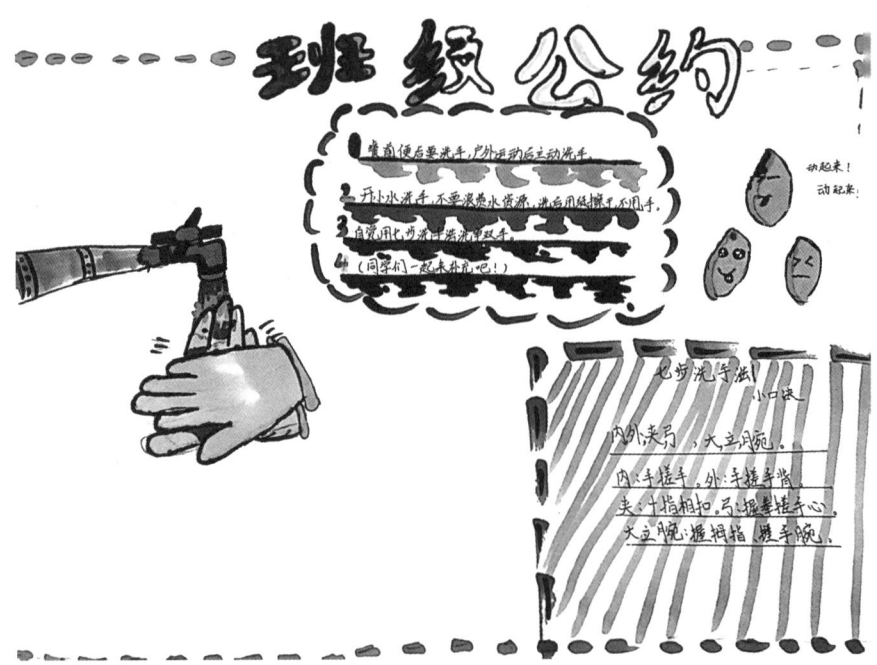

还有一个小组十分细心且有爱心,他们观察到校园里无论是植物还是小动物都有很多,因此作为校园一份子,应该爱护校园生命,自觉维护校园美好环境,所以他们从植物、小动物、环境这三个方面提出了几条班级公约的构想。

不可忽略的对话

在讨论的基础上，大家集思广益，考虑得很全面。有的方面被大家普遍认可，于是成为班级公约的一部分；有的因为没有受到普遍关注而落选。最终，通过大家的对话交流，我们制定了属于自己班级的公共约定。

这节课，老师带着孩子们自主制定班级公约。而作为班级成员，孩子们通过与同学和老师的对话、共情从而感受友谊的美好，懂得什么是班级荣誉与责任，思考班级生活中的矛盾与妥协，学习如何为班级建设建言献策。大家通过小组讨论，以各种形式来展示自己的思考成果，在对话的过程中碰撞出智慧的火花。

班级公约

四（11）班全体成员

1. 衣服要穿好，红领巾要系好。
2. 见到老师敬个礼，见到同学问声好。
3. 出操快静齐，强身健体，从我做起。
4. 上课听讲要认真，积极举手爱提问。
5. 课间活动注意安全，不做危险的游戏。
6. 认真完成作业，订正要及时。
7. 珍爱生命，注意用水用电安全。
8. 打饭时，根据自己的需要增添饭菜，不贪多，不浪费。
9. 光盘行动要做好，碗筷摆整齐，桌面理干净。
10. 吃饭时不说话，用餐礼仪要遵守。
11. 爱护校园环境，不伤害小树小花小草。
12. 不乱扔垃圾，维护校园整洁。
13. 不伤害校园里的小生命。
14. 餐前便后要洗手，运动后主动洗手。

从这份班级公约的诞生我们就可以看出，在对话的共情环境中，学生是可以自主梳理出制定班级公约的多方面、多层次的，他们可以以制定者和参与者的双重身份入情入境，设身处地地为班级公约的制定建言献策。

在德法课的对话中，老师的存在并没有被削弱，老师既是引导者又是对话者。师生之间对话，生生之间对话，课堂内外对话……对话的形式是多种多样的。这样的对话式课堂彰显了师生平等交流的重要性，彰显了生生合作、主动探索所激发出来的想象力和创造力。

在"体察—感悟—辨析—导行"的过程中，每个环节我们都运用多种形式的对话来开展，在研究方法上更加注重课上课下研究并举，相当程度体现出了"对话"的重要性和丰富性。这些丰富多彩的"对话"背后，我们体会到了"对话"的奥秘，感受到了"共情"的价值。

小意外引发大讨论

尤晓婵

"看,这位同学的手里拿了好多东西,七零八落掉了一地,你有什么好办法帮帮他?"立马有孩子举起手提议道:"可以给他一个手提袋,将这些零散的东西装起来。"手提袋能便于我们携带物品,在生活中的应用更是广泛,有布袋、纸袋、塑料袋等多种材质。考虑到纸袋低碳环保又方便制作,所以热心的"小雷锋"们都跃跃欲试,想自制纸质手提袋来帮这位同学解决难题。

通过了解手提袋的结构,分解制作步骤,组内互帮互助,不少同学都已经制作出了手提袋的雏形。同学们自制的手提袋能用吗?还得经过检验。我组织学生小组内交换作品,尝试从"折叠平整、美观实用、牢固耐用"三个方面来互相评价。同学们热火朝天地讨论开了:

学生1:你的手提袋袋身太高了,手伸进去拿东西不太方便。
学生2:你的手提袋折痕很清晰,不用的时候收纳起来特别方便。
学生3:在手提袋上用水彩笔画一些图案,就更好看了。

突然,"砰"的一声,全班同学的目光都被吸引了过去。原来这组同学给手提袋做了个承重实验,他们将保温杯装进了手提袋中,想检验一下手提袋的牢固性,没曾想手提袋不堪重负,袋底破了个大窟窿,保温杯也随之掉在地上。

这是个引发课堂对话、思维碰撞的好机会！我们趁机抛出问题："怎样才能使手提袋更加牢固耐用呢？小组内想想办法。"

"智囊团"们纷纷支招：

学生1：看来得在袋底上想想办法了。

学生2：快看，老师给我们带来的手提袋在底部垫了一个硬纸板，这样袋底就更牢固啦！

学生3：还能在哪里下功夫呢？

学生4：摸摸看这个手提袋！我们可以用硬一点的纸来制作袋身。

学生5：单层打孔不保险，一旦袋内的东西太重，提手和袋身很容易"分家"。

学生6：那就把袋口处的纸向内翻折，双层打孔不就更结实了嘛！

根据讨论出的办法，同学们再次加工完善了手提袋，还完成了承重两瓶矿泉水的挑战。我随之发布了新的挑战："同学们，手提袋还可以大变身，我们可以在造型上大胆创新。各位'手提袋设计师'你们有什么好点子吗？"

学生1：手提袋的袋口全是四四方方的多无聊啊，我想将袋口设计成波浪形的。

学生2：说得对啊！我想在袋口设计一圈爱心送给妈妈！

学生3：今年是兔年，我干脆做个兔子形状的手提袋正应景！袋口设计成兔耳朵的形状，在袋身画上兔子的身体就大功告成了！

不可忽略的对话

学生4：手提袋的提手是不是也能变呢？用旧鞋带做提手怎么样？

学生5：把绑螃蟹的线拿来做提手废物利用！

学生6：我家里有包装礼物的丝带，拿来做提手正合适！

……

就这样，一个金点子牵引出了一串金点子。

师：如果我们手边没有提绳怎么办呢？

学生1：有了！我们可以在袋口大约4至8厘米处挖一个空格做提手。

学生2：用制作折扇的方式折叠袋口，不就好抓了嘛！

学生的创新思维就像一棵棵小树苗，从对话中汲取营养，向四面八方生出枝丫。

劳动课堂要从真实的劳动需求或问题情境出发，以课堂的一个"小意外"为引，牵引出一场师生、生生之间的交互对话，引爆一场"思维大爆炸"，通过敞开、回应、碰撞、沟通、交流、互动、分享等沟通方式，使对话随着问题的递进而深入，在对话中发现新的问题，通过对话去解决问题，以对话反哺劳动实践。

同样的劳动任务，学生呈现出的劳动成果却往往千姿百态，这是学生与自身作品进行个性化、创造性对话的结果使然。在劳动实践过程中，要保护学生的好奇心和探索欲，放手给学生更多的自主发展空间，使学生的创造性思维不断打开、链接、补充、重构，继而指导实践，使学生能创造性地解决生活中的问题，实现创造性劳动。

穿越人工智能之门

薛元虎

早上，小叮当醒来后，智能家居系统会自动将房间调节到适宜的温度和光线，并播放柔和的音乐。系统还会提醒他去洗漱、吃早餐等。

在上学的路上，小叮当可以通过智能手环设备与学校的智能教学系统相连接，获取当天的课程和作业安排。系统根据他的学习能力和兴趣爱好，推荐更加个性化的学习内容。

到了学校，小叮当可以使用智能黑板设备进行交互式学习。在英语课上，老师可以通过语音识别技术来检查学生的读音和语法，智能化的语音识别技术能够实时纠正学生的发音、语法错误等。此外，小叮当还可以通过虚拟现实技术和人工智能技术来进行科学实验、模拟操作等。

小叮当想学习编程，于是他咨询了AI。

小叮当：你好，我想开始学习编程。有什么好的学习计划可以推荐吗？

AI：你好！我可以帮助你制定一个适合你的学习计划。请问你以前学过编程吗？

小叮当：没有学过，但我很感兴趣。

AI：好的，我会为你推荐一些入门课程，让你逐步掌握编程的基础知识。你可以先选择一个课程进行学习，然后根据需要选择其他的课程。下面是根据你的学习特点列出的计划。

……

AI：你已经完成了第一阶段课程，不错！你是否遇到了一些困难？

小叮当：是的，我还不太理解一些编程的概念。

AI：好的，让我看看这个课程的笔记，看看能不能为你提供一些提示。你可以在笔记中找到一些关于这个概念的更详细的说明。请你看看下面的提示。

小叮当：谢谢！现在我理解得更好了。

小叮当：还有一个问题，我听说编程需要用到很多算法，我学过了排序算法。

AI：那我考考你可以吗？请把下列数据按照从小到大的顺序排列。

小叮当：可以啊！

AI：你提交的这个算法还有些问题，数组元素移动时发生错位。我把有关数组知识再让你学一次。

小叮当：这下我就全懂了。我还想学习其他的算法，你能教我吗？

AI：当然可以！算法是编程的一个非常重要的方面。我可以向你介绍一些基本的算法，例如搜索算法和回溯算法等。你可以选择一个你最感兴趣的算法来学习。

……

下课后，小叮当可以使用智能图书馆和在线教育资源来自主学习。智能图书馆能够根据他的兴趣和学习历史推荐更加个性化的图书和学习资源。在线教育资源可以为小叮当提供更加便捷、全面的知识获取方式。

晚上，智能家居系统可以根据小叮当的作息时间自动关闭电器、调

节房间温度等,帮助他更好地入睡。

随着科技的不断发展,人工智能逐渐成为智能家居、智慧教育等领域中不可或缺的一部分。小叮当的日常生活中就展现出了这些领域中的多种应用场景。

人工智能在教育领域中的应用也越来越普及。例如,小叮当咨询AI学习编程的问题,AI可以为他推荐一些适合他的入门课程,并在学习过程中为他提供一些提示和反馈。这样的人机对话方式不仅能够提高学习的效果,还能够让学生在学习过程中得到更好的指导和支持。智能教学系统通过分析学生的学习能力和兴趣爱好,为学生提供个性化的学习内容和指导。人工智能注重发掘学生的个性化需求和潜能,通过对学生学习行为的数据分析,为学生提供量身定制的学习内容和学习方式,以满足学生的个性化发展。这样的教育方式不仅能够提高学生的学习效率,还能激发学生的学习兴趣和创造力。

人工智能的应用不仅仅体现在简单的自动化控制上,而是通过智能家居系统的联动和个性化设置,实现更加舒适、高效、智能的生活方式。个性化服务不仅仅提高生活的舒适度,也能帮助学生更好地规划时间和任务。

总之,人工智能技术的应用为学生带来了许多便利和机会,可以更好地满足学习与生活上的需求和愿望。随着技术的不断发展,相信未来人们的生活和学习方式也将会变得更加智能、便捷和个性化。让我们一起穿越人工智能之门!

亲子对话录

黄 茜

我们每天都会和孩子说很多话,"亲子对话"这件事就像吃饭、喝水一样司空见惯。有效的亲子对话就像一座桥,让父母和孩子更加走近彼此,建立更加亲密和稳固的关系。有趣的亲子对话自带一种魔法,要积极耐心地倾听,充满爱意地回应,与孩子一起探索更加广阔的世界,和孩子共同成长。有意义的亲子对话如一缕和风,鼓励孩子大胆表达,尊重孩子独立人格,与孩子一起探讨生命的意义与价值,和孩子享受幸福。

星期一早晨，父亲骑车载着三年级的王梓萱去上学。

我："爸，现在几点了？"

父亲："现在8点10分，按约定过了8点，我就不送你上学了。"

我："自己走有好远的路呢！"

父亲："这是咱们商量好的事情，不能因为远就改变规则，离学校约800米，你一分钟可以走80米左右，你算算大约要走多久？"

孩子叹了一口气："10分钟，看来我明天不能赖床了！"

父亲："10分钟也不是很久，赶紧去吧！今天也要好好加油噢！"

我："好的吧，老爸，再见！"

三（13）班　王梓萱

简 评

关于时间的亲子约定非常好，既可以督促孩子按时起床，也可以锻炼孩子的独立能力。再人性化的规则也是规则，有时，人会对规则产生情绪，会因为各种原因要打破规则。孩子因为睡懒觉导致迟到，父亲没有任何的指责，而是直接按约定让孩子步行去学校。父亲的表达很和善，不忘给孩子加油打气，陪着孩子一起经历自律的养成过程。

不可忽略的对话

 妈妈做好饭便喊儿子吃饭，左等右等才把孩子等来，饭菜都等凉了。

妈妈："儿子，开饭了，快先洗手来吃饭。"

杨沛霖："等一下，马上就来。"

妈妈（生气）："我都等了10分钟了，怎么还没来？"

杨沛霖（做个鬼脸）："我说的是等'亿'下，还早着呢。"

妈妈哭笑不得。

三（7）班　杨沛霖

简 评

　　这里的对话太幽默了！妈妈的怒火一触即发，儿子凭借谐音巧妙解释，等一下变成了等"亿"下，顺利将妈妈的怒火浇灭了。试想，如果儿子此时顶嘴或不理不睬，一场家庭"大战"在所难免。儿子用幽默的语言沟通，营造一种轻松愉快的家庭氛围，减少矛盾与冲突，巧妙化解了对话"危机"。在对话中，幽默是最好的调和剂，其合理的运用不仅可以化解矛盾冲突，还可以培养创造力，从而使每个人都保持积极乐观的心态。

 最近我有个困惑：如何提高数学计算正确率？于是就去请教爸爸。

我："我数学作业总是错好多，怎么办呀？"

爸爸："那我问你个事，写作业时你检查了吗？"

我："当然了！但我总查不出问题。"

爸爸："那就是你查的方法不对了。第一把答案往回带，检查答案的合理性，第二查看草稿本，看过程是否漏写错写，第三再次读题，寻找另一种解题方法。"

我（恍然大悟）："原来检查有这么多方法啊！谢谢老爹！"

四（20）班　袁景彬

简　评

　　家长是孩子的第一任"老师"，孩子学习上出现问题，能主动和父亲倾诉烦恼，寻求帮助，在表达过程中，孩子释放了情绪，正确描述诉求：对于作业中的错误，不是不会做，但是总是会做错，希望能得到爸爸的指导。父亲能耐心倾听孩子的心声，不仅倾听孩子描述的事实，还倾听孩子的感受、期待和渴望。对于孩子在作业中出现的错误，没有一味地指责，而是询问过程，帮助孩子发现问题，并给予正确的指导，让孩子关注于问题的解决，不再陷于情绪之中，理性地思考问题、解决问题。

不可忽略的对话

 **在快乐的暑假即将结束时,刘心然一边吃西瓜一边问妈妈。**

我:"妈妈,为什么暑假过得那么快?好像刚放假没几天就开学了。"

妈妈:"那是因为心情好时,时间就会过得很快。"

我:"那你什么时候发现这个道理的?"

妈妈:"大概是和你一样大时,不过那时我并不喜欢放假。"

我:"为什么呢?"

妈妈:"因为一放假我就得和爸妈一起干农活,在学校却很轻松。"

我:"哦,那你是觉得放假时间太长,上学时间太短了。"

妈妈:"如果你是我,你会喜欢什么呢?"

我:"我想我也会喜欢上学吧!在校园里不仅能学知识,还有很多小伙伴陪我一起玩耍呢!"

一(10)班 刘心然

简 评

当假期接近尾声时,每个人都会忍不住感叹:为什么时间过得那么快啊?这位母亲也充满了智慧,在对话的过程中把问题也抛给了孩子——你喜欢什么呢?每个人都会有不同的标准,这个标准可以通过比较去突出学习时光的快乐和短暂,也可以通过调节我们自身的情绪去感受时间的长短,当你全身心地去投入一件事情时,也会产生"时间错觉",真真切切体验快乐的每分每秒。

 有一次，王子涵发高烧到42度，爸爸在家里照顾她。

我："为什么人生病要发烧啊？"
爸爸："因为高温能杀死病菌。"
我："那人不会被杀死吗？"
爸爸'笑了'："那就看人和病菌谁活得久了。"
我："那我肯定不能输给病菌啊！怎么样才能赢呢？"
爸爸："吃药，睡觉，喝热水。"

三（10）班　王子涵

简 评

孩子生病时，对家庭来说无疑是一个"坏消息"，为了应对孩子生病这件"头等大事"，很多时候父母出于"保护"孩子的想法，禁止孩子做很多事情，而过分的"保护"会让孩子对疾病治疗产生更多的疑惑和抵触。孩子是治疗疾病的重要参与者，这位父亲选择以与孩子年龄和认知发展阶段相适应的语言和方式向孩子解释疾病治疗的相关信息，倾听孩子的想法，鼓励孩子参与到自己的治疗计划和生活安排中，教给孩子正确有效的方法，帮助孩子消除疾病和痛苦。

不可忽略的对话

 《流浪地球》让冯妙宁和爸爸的脑洞大开，围绕电影和小说中的一些话题不间断地展开讨论。

爸爸："你觉得'流浪'不好，换什么词儿好呢？我们都来想想。"

冯妙宁："'逃逸'地球？、'流放'地球？"

爸爸："是不是都没有"流浪"有味道？流放是被动的结局，流浪是主动的选择，流浪是一种态度、一种情怀、一种气概……"

爸爸又下载了刘慈欣的《流浪地球》原著电子版，并不长，是一部中篇小说，放在手机中读给她听。出乎意料的是，全程宁宁都入神地听，还不断提出问题、和爸爸争辩。

冯妙宁："太阳到最后为什么越变越大、把地球都包含进去？"

爸爸："太阳内核温度越来越高，热胀冷缩，越来越大了。"

冯妙宁："飞机能在真空中飞行？"

五（14）班　冯妙宁

简评

我们可以看到给孩子开展科普教育有很多途径，比如看书、观展、看电影、做实验等等，而对话也是非常有效的方法之一。从孩子感兴趣的一个话题开始，没有深奥的理论，没有呆板的说教，有的只是好奇、辩论、求证、领悟，谈笑间各种疑难问题灰飞烟灭，孩子对科学的兴趣和领悟又上了一级台阶。科普之路千万条，爸妈参与第一条。

 **快放暑假了，罗天铖和妈妈畅想假期安排。**

我："妈，今年暑假我们去哪儿玩啊？"

妈妈："去外国吧，英国？去那里的博物馆看看。"

我："英国物价飞涨，博物馆员工都罢工游行了，太费钱了！而且，我们的故宫博物院、南京博物院相比大英博物馆，我觉得更胜一筹！"

妈妈："那到俄罗斯吧。"

我："最近新闻上老是看俄罗斯打仗，不太平，别去了。"

妈妈："你担心这，担心那，我看你哪儿都别去了！"

我："别呀，妈妈，你再想几个吧！"

妈妈："日本怎么样，有刺身！"

我："我可吃不惯。前不久我刚学了《七律·长征》，我想重走长征路。"

妈妈："OK！假期就让我们重走长征路，追寻红色足迹。"

六（16）班　罗天铖

简　评

　　孩子是旅行的参与者，让他来制定旅行的目的地，让旅行更有意义。孩子对世界的认识非常敏锐，他们非常了解国际情势，有自己独特的见解，旅游是休闲度假，是探索发现，更是红色记忆。厚植爱国情怀不仅可以从书本中学习，也可以用足迹去丈量。最美的风景，就在我们祖国的大好河山中。

04

我要
好好说话

对话，没有完全相同的。

《小王子》的主人公说，当你喜欢一朵花，你就会培育和灌溉，会愈发觉得这朵花和其他的花不一样，对话何尝不是这样？

那天、那人、那画、那歌、那场对话，常常让我或喜、或忧、或悲、或乐，深深地印在脑海中。有人说，两个人的对话，70%是情绪，30%是内容；一群人的对话，30%是情绪，70%是内容。不管怎样吧，都是在生发新的生活。尽管各不相同，但每一个都让人难以忘记。

对话，银城生活的千姿百态！

"银铃话吧"三分钟

王 婷

对话就是你说我听，我说你听，我们一起说，一起听。

对话就是你走向我，我走向你，走向你我思维的交界处。

我们尝试从"大理论"走向"小实践"，在教学中开展"银铃话吧"。话吧为儿童搭建畅所欲言的平台，让孩子就话题展开演讲、讨论和点评，创设属于孩子们的对话微时空。设置在课前三分钟，孩子围绕话题进行现场演说、讨论、评价。

"银铃话吧"以话题为主线。交流由话题产生，思维由话题生发。

我们从时事热点、儿童生活、教材内容以及社会百科四个维度与学科创新相连，确定每周的主讲话题。

儿童既可以聚焦时事，议论热点话题；又可以分享生活点滴，倾吐身边的快乐与烦恼；还可以关注校园大事，顺势延伸；更不乏对时下流行书籍、影视作品的评论与推荐；当然也可以结合学习生活，分享妙招、秘籍……

一花一世界，一草一春秋。学生以敏感纤细的心体察生活，体验成长历程，用语言文字对话自己、对话同伴、对话老师。

例：三年级的话吧话题

	语文	数学
时事热点 与学科相联	传染病来了，我有妙招	数说二十四节气
	从运动员身上学什么	透过数据看冬奥
	跟着天宫一号看太空	星空里的大数据
儿童生活 与学科相联	昆虫趣事	我的上学时间
	春天里的花儿们	生活里的重量单位
	我做了一个小实验	趣说距离
教材内容 与学科相联	传统节日我来说	古人是怎么计算的
	我喜欢的寓言故事	巧算24点
	那些名扬中外的画	我走"华容道"
社会百科 与学科相联	博物馆里的陶器	有趣的测量
	纸的变迁	特殊的年月日
	了不起的古代科技	故宫里的数字
……	……	……

"银铃话吧"的活动时间是课堂伊始的前三分钟。学生按学号或班级自定顺序轮流上台进行课堂演说。学生活动的形式灵活多样,可以是直接口述、设计有意义的手势,也可以结合课件等多媒体形式达成视觉效应,双线互动式演说形式同样受欢迎。

"银铃话吧"有自己的活动目标。目标的设置属于进阶式,从基本的语言表达能力上升至价值情感。目标是逐步达成的,我们希望在目标的进阶中看到儿童成长的过程和喜悦。目标是一个动态参数,以学生个体的真实状况作为起点,使目标的达成更加个性化,更贴合儿童真实的精神成长。

目标进阶	评价要求
语言表达	学生能够完整、清晰、流畅地进行表达
参与意识	学生能够主动参与交流讨论
思辨能力	培养学生独立思考的能力,学生能够有自己独特的观点和看法
问题解决	学生能够通过阶段性的经验分析个人、社会问题
价值情感	自信、合作、分享、独立等正向价值情感

"银铃话吧"以儿童的真实生活为原点,借"话吧"向外延伸,搭

建起通往未来的"七色桥",帮助孩子体验丰富的世界和人生。

它的设计理念和主题内容紧扣"联结"二字,万物联,则智慧生。

联结自我与他人。如何正确处理与他人的交往,是孩子能否健康、快乐成长的重要因素。学会与人相处,是成长过程中的基本素养。如"从运动员身上学什么"这一话题,不仅引导孩子学习运动员身上顽强拼搏的精神,也让孩子学习运动员的自信、勇敢和团结。谷爱凌关心其他选手的画面让人看到了竞争之外的温情,也让孩子从运动员身上看到了人性的光辉。

联结学习与生活。在知识习得的同时,我们更应该有意识地帮助孩子认识和了解生活,培养其对万物的好奇与热爱,激发其拥抱生活的热情。"我的上学时间"让学生关注自己上学前所花的时间,引导孩子调整作息、避免拖拉,形成珍惜时间的观念。"生活里的重量单位"来源于生活,运用于生活,孩子们不仅关注不同事物的重量对比,也关注同一事物不同阶段的重量变化,从重量的角度让孩子对事物的基本特点有初步感知。

联结校园与社会。儿童也是社会一员,也需要关注社会热点与人世百态,从矛盾中、从争议中见识问题。"银铃话吧"正是利用小小的对话空间去培养孩子独立思考的能力和正确的人生观、价值观。"羽生结弦该不该挑战4A跳",有的孩子认为为了完成4A跳而错失奥运金牌不值得,4A跳极少有人完成,挑战不可能的任务没有必要;有的孩子则认为,应该挑战,这是羽生结弦一直以来的梦想,和梦想相比,金牌也没有那么重要;还有的孩子认为羽生结弦可以先拿下这次冬奥会的金牌,再找其他机会挑战4A跳,这样就可以两全其美了。从羽生结弦的热点事件中,孩子们触及了荣誉与梦想、孤注一掷与迂回求胜的深层思考,在对事件的研讨中形成自己的独立判断。

联结活动与学科。孩子在"银铃话吧"中的外在表达和内在逻辑,必然也是学科学习的显性表现。虽然只是三分钟的对话与交流,但是通过主题内容的系统化安排,孩子需要调动某一学科的知识储备,甚至完成多学科的融合,这就是"学以致用"的最好体现。"纸的变迁"让孩子了解传统造纸工艺,并走向纸的大家族,了解不同种类的纸的多种用途。"了不起的古代科技"让孩子走向古代科学,探寻古人的奇思妙想,感悟古人的智慧与创造。"那些名扬中外的画"让孩子走近名画世界,了解美的历程。

"银铃话吧"是儿童展示自我的舞台,也是儿童与外界连接的桥梁。在时代浪潮下,对话、交流、分享已是未来教育的主旋律。"问渠哪得清如许?为有'对话'活水来"。"银铃话吧"从诞生那天起就带着智慧的火光和教育的哲思,于方寸之间见广阔天地。

学会讲重点

刘艳霞

"银铃话吧三分钟"就一个话题展开表达，孩子有序表达、重点突出。随着学习生活的场景扩大，儿童交往情境变化，他们的表达慢慢出现"无序""无主次""少重点""少特色"等情况。学会讲重点，成了"好好说话"的必备要素。

重要观点反复说。 即用不同的表述法重复重要观点，强化你最想让对方听到的内容。拿破仑说，在演讲时重要观点需要不断被强调、重复。同一句话或相同的表达要重复说，即形式上的一唱三叹，说话时对能表达自己观点的重要句子可以采取这种方式，主要有：首尾重复、三段式重复、有韵律感地重复。

重点内容具体说。 明确表达的要求，了解说话的目的，把握内容的重点，在分配说话时间的时候，这一内容占用的时间要多。为了把这个重点内容阐述得更清楚，需要用生动的例子表达。

一位学生在向同伴介绍名著里的人物严监生时，说他很小气、吝啬。

而另一位同学这样介绍：家财万贯的严监生，在临死前，没有分配财产，没有把儿女叫到跟前交代后事，没有对毕生遗憾的述说，反而一直伸着自己的两根手指头，因燃着的两茎灯草久久不能瞑目。

这样一对比看，举例子表达是不是更能突出重点、让人印象深刻呢？

中心论述有序说。按照逻辑关系整理要点，用1、2、3等关键的词语表达。常用的表述方式通常有：

我想用三个关键词……

我主要从三个方面进行评价……

我要补充三点……

有三句话可以代表我的看法……

事情的起因……经过……结果……

过去……现在……未来……

有条理地讲清楚"是什么、怎么做、发出呼吁（为什么）"；有序地表达观点、陈述事实，进行总结；具体地提出问题所在、解决方法、需要帮助等。

话贵在精。对话是交互的，要把自己的观点表达清楚，同时也要揣摩对方的需求。表达的逻辑性不在于语言的长度，而是取决于语言的质量。对话中用更多的时间去思考，看清事情本质，说出精彩的、有逻辑的话，避免使用模糊的语言，别人更有可能心悦诚服地接受你在对话中传达的信息，对话才能高质量进行下去。**学会讲重点，我们总结了四种小策略：**

"学会讲重点"四种策略	
长话短说	搭建框架，提炼重点，用好1、2、3等关键词
创设情境	在情境中，角色代入，说故事，讲感受
五感法	调动视、听、味、嗅、触等五官，真实体验，真实描写
思维导图	通过列表、列线索图、梳理关键词等方法形成表达思路

学会讲重点，说话的态度要温柔且坚定。 与人对话时，有理不在声高。在对话中，无论对方的话显露怎样锋利的针尖，自己在组织好语言后尽量放低声音，哪怕自己说的绝对正确，也要有一个前提，那就是不可以伤害别人。当然你的表达并不是软弱无力，拿出气度，用一颗安静平和的心、一段温和却掷地有声的话语来回应他人，不卑不亢。

学会讲重点，还可以通过语速、语调来表现。 如我们可以尝试用重读或者较低的音调读读加黑的词语。例如我们在朗读"我们**唯一**要**畏惧**的,便是**畏惧本身**"这句话时,重音不同,句子的意思会发生相应的变化,重点也有不同。

学会讲重点,还要注意沟通与留白。不要急着说什么,让那份安静先保持下去。所谓的听懂,不一定是懂对方对你讲什么,而是懂对方为什么要对你讲;所谓的沟通,因人而异,根据不同的场合选择不同的表达方式,适时沉默。该说的话好好说,不该说的话不轻言,给思考留点时间。

用工具说话

许春银

生活当中，我们经常会用到工具。工具原指工作时所需用的器具，现在引申为达到、完成或促进某一事物的支架。

工具，既有有形的，也有隐形的。儿童在对话时，常常会借助一些为表达提供支持和有效帮助的隐形工具，清晰、流畅、自信地表达，从而提升了对话质量和对话效果。

这些工具，有的能助力说话时更有条理，有的能让表达的内容更具体，有的能增强表达的感染力，有的能让表达更有逻辑性，有的能助力表达更有思辨性……用工具说话，是儿童精彩对话的有效策略。

"PREP"工具

在我们需要发表自己的观点、陈述理由时，可以先抛出观点（Point），再阐述理由（Reason），接着举个例子（Example），最后重申观点（Point of view）。这就是"PREP"工具，它能助力我们的表达更有条理。

【案例场景】

我们经常遇到晚上不知道吃啥的情况,这个时候就要有人提出意见并说服家人。有孩子用"PREP"工具这样表达:爸爸妈妈,今天晚上我们去吃火锅吧(P)。天寒地冻的,浑身冰冷,吃个火锅暖和暖和身子。红油锅一烫,多舒服啊(R)。昨天小丽和盼盼他们就去那家新开的火锅店尝试了一番,评价非常高。芝麻酱给力、食材够新鲜,尤其是那个毛肚,可以说是南京的毛肚天花板了(E)。快到饭点了,咱们赶紧出发去吃火锅吧(P)。

"放大镜"工具

在表达中,有时候我们会用一些过于笼统的词语,如说"好""不好""有意思"等,这样的表达往往缺乏具体性。"放大镜"工具可以助力我们表达时更好地关注细节,用放大镜的思维,逐步展开、描绘,让听众更加清晰地感受自己的内容或对象。

【案例场景】

有一段时间,我们鼓励学生学习使用家电,并向同学们介绍心得。有个孩子学会了用微波炉做蓝莓脆皮蛋糕,他向同学们推介的时候,就充分借助了"放大镜"工具,描述了他做蓝莓脆皮蛋糕的细节。他和同

学们描述这个蛋糕的表皮有多么脆,烘烤过的蓝莓有多么香甜。还说,在吃蛋糕的时候如果加上一勺香草冰激凌那就更妙不可言了。别说是听众了,就是他自己也说着说着就流出口水来了。同学们给了他的表达很高的评价,"放大镜"工具让他的表达更具体更有魅力。

"具身"工具

很多人一站到台上就会感到手足无措、身体僵硬,我们在表达时除了要有独特精彩的内容输出外,还需要有丰富生动的身体语言,去释放情感信号,如抬头挺胸、保持微笑、得体的手势、自然地移动等,这些就是"具身"工具。用好它能够带动和影响听众的情绪,帮助你大大提升说话的感染力。

【案例场景】

学完小古文《自相矛盾》,两个学生比赛用自己的话讲故事,全班同学做评委。一生站在台上非常流畅地将故事讲清楚了,另一生讲故事时,虽有些磕绊,但讲到楚人在街上吆喝时,他配合敲锣的手势,自夸所卖的矛和盾时,在同学中穿梭游说,讲到被人质疑"用你的矛戳你的盾会怎样"时,他满脸羞愧地捂着脸转身溜走。这位同学用自己的话讲故事的过程中,就充分借助了"具身"工具,带动了气氛,增强了感染力,结果获得了同学评委们的一致好评。

"图像构架"工具

"图像构架"是一种重点突出、思路清晰、主次分明的逻辑思路，用这个工具需关注、挖掘听众的需求、兴趣点，想清说什么内容、怎么说清楚，构架表达的结构，让表达更加有条理、易于理解，也让听众有兴趣、能理解、记得住。

【案例场景】

在日常生活中，我们经常会碰到需要用上"图像构架"工具来表达的例子。如：妈妈让你出门买东西，需要买苹果、牛奶、土豆、萝卜、橙子、鸡蛋、黄油、葡萄。你如何跟营业员说才能清晰、准确、明了呢？这就需要找逻辑关系，在大脑中找出这些物品之间的关联并将它们"图像构架"，以便能够记住并能说清楚。

"折扇"工具

我们说话时，通常有固定的思维，千篇一律，说了开头就能猜到结尾，没有个性，不能"get"到听众的兴奋点。"折扇"工具，可以让我们切断原有思维的一个点，让思维像打开的折扇一样，多元思考，多角度、思辨地表达，透过现象看到本质，每个人的角度都不一样，但都说得独树一帜。

【案例场景】

学校东南方300米处有个社区图书馆——江东凤凰云书坊。实践活动时带学生去参观，回校后进行了对话交流，第一个话题："你发现了什么？"同学们用先亮出一个关键词再具体阐述的方式进行了对话，从不同的角度和立场交流了自己的发现，如人流量、藏书量、分区布局、功能服务、环境氛围、活动魅力、营业时间等。第二个话题："发现了这么多问题，那社区还需要云书坊吗？"可以说这是个有挑战性的话题，学生必须摒弃原先固有思维的一个点，像打开折扇一样打开思维，辩证思考，从不同角度有理有据地表达自己独特的想法，当时同学们借助"折扇"工具，表达妙语连珠、精彩纷呈，将现场气氛推向了一个又一个高潮。

"三明治"工具

当我们要向别人提建议或说不同看法时，怎样说会让别人更能接受呢？不妨借助"三明治"工具吧！通过"二加一"方式表达的异议或建议，不仅不会让对方感到受伤或不信任，还会让他们更乐意接受。

【案例场景】

一次散步撞见一幕：一男孩正被爸爸声嘶力竭地批评着，孩子怒目圆瞪，不时还怼上几句。这时，男孩妈妈来了，她把爸爸拉向一边，语重心长地对男孩说:"你一向很努力,妈妈都看在眼里。但最近,你有些松懈,不够努力,成绩下滑。妈妈绝对相信你,只要你肯努力,一定会进步的。"男孩听了点了点头说:"我一定会努力的!"

这个妈妈借助了"三明治"工具:第一层先肯定、赞赏——一向很努力;第二层批评、否定——松懈造成成绩退步;第三层信任、鼓励——相信他肯努力会进步。

"5W1H"工具

我们每个人个性都不同,可能有的人不善言辞,如果说话时用上"5W1H"工具,则不管对话中哪方不善言辞,都能提问、接话、追溯……

"5W1H"指:Who(谁)、What(什么)、When(何时)、Where(在哪儿)、Why(为何)、How(如何)。

【案例场景】

"上回遭小偷了……"

"啊!遭小偷了?什么时候?"(When)

"上礼拜天。"

"被偷了什么?"(What)

"我的包包被偷了,里面有钱包,还有记事本。"

"啊！真是飞来横祸！在哪里被偷的？"（Where）

"在小区外公交站台打电话时，我把包包放在长椅上。打完电话一看，长椅上的包包已经不见了……"

"五感"工具

生活中，我们常常需要说一大段话，如何能说得让别人感同身受、身临其境呢？那就需要润色说话的内容啦，我们可以通过"五感"工具来实现。即通过刺激听众的视觉、听觉、嗅觉、味觉、触觉，打造具有3D效果的表达。

【案例场景】

如果我们想说"地铁非常拥挤"，你可以直截了当地说，但听的人很难感受到拥挤的程度。为了增强效果，我们可以用"五感"工具让别人感受到。

◆ 视觉：地铁里十分拥挤，人们比肩接踵，像蚂蚁一样。

◆ 听觉：地铁里十分拥挤，耳边环绕的都是哇啦哇啦嘈杂的讲话声。

◆ 触觉：地铁里十分拥挤，我简直快被挤成"肉饼"了。

◆ 嗅觉：地铁里十分拥挤，车厢里有一股汗臭味，闻得我快窒息了。

◆ 味觉：地铁里十分拥挤，我甚至觉得喉咙里有一种血腥味，让我恶心。

对话小技巧

听话、讲话、接话、传话、插话、搭话、问话、答话、谈话、会话……

对话，千姿百态，可以是一个人的独幕剧，也可以是一群人的汇演。

你有没有过这样的经历：认识新朋友了，刚介绍完自己就不知道要说什么了；课堂分享，其他的小伙伴滔滔不绝，而自己却不知道要说什么；想要和朋友分享快乐的故事，可还没开始，别人就不愿意听了……一次次的沉默，一次次的"不知道说什么"，让我们的对话戛然而止。

其实，用上一些对话小技巧，学着"讲有悬念的开场白"，"妙用语气词"，试试"听话记住1、2、3""见缝插针抓'空档'"……你会发现对话可以很容易。

一个小技巧，一点小改变，让两个人无话不说，让一群人相谈甚欢，让每一次对话都向着更有趣的方向前行！

听话：请记住1、2、3

张友萍

情景再现

要春游了，老师在讲台上讲春游需要准备的东西和需要注意的事项。

老师："明天我们要去玄武湖春游，早上8点30到校，下午3点30放学。穿紫色短袖校服。自带干粮、零食、遮阳帽、水、干湿纸巾、垃圾袋、地垫等。背包以轻便为主，不带玩具、手机等贵重物品哦。注意明天我们排四路队，走路的时候不能讲话，上车时候不能拥挤，不要在车上吃零食，上厕所时候要跟老师说，不能擅自离队。记住了吗？"

学生A：老师，我能带喜欢的玩具吗？

学生B：老师不是说了不带玩具嘛！

学生C：老师，我可以带喜欢的薯片吗？

……

瞧，东西吃得太多，会消化不良；话听得太多，就容易记不住重点。如何在听话时记住重点呢？

技巧简述

首先，我们需要专注地听，尽可能地记住比较多的信息。其次，在头脑中进行复盘，想一想刚才对方说了什么。最后，根据头脑中存储的信息进行梳理分类并赋予信息一些关键词语。

例如上面的情景中，我们可以将信息进行归类：到校和放学的时间，需要提前准备的物品、在春游中具体的要求等。我们也可以找到一个"内在"逻辑，将所听到的事情串起来。例如时间逻辑：早上出发前需要注意和准备的、春游过程中需要的和注意事项等。还可以是空间逻辑：头上需要戴的帽子，衣服需要穿什么，鞋子需要注意什么……这样记忆理解，可以更好地记住对方说的话。当对方提问时我们也就可以快速找到相关的信息进行回答。

当然，最后如果没有听清对方的话，我们也可以再次询问，这样可以更好地沟通。

 **讲话：讲有悬念的开场白** 王晓薇

情景再现

假期归来，同学们兴高采烈地想与朋友分享假期生活：

小A：你的假期玩得开心吗？

小B：开心。

小A：都干了些什么呀？

小B：我去了游乐园。

小A：我也是。

平铺直叙的语言让对话戛然而止，原本想分享的快乐故事也无从说起。

技巧简述

好奇是人的天性，人们往往会被那些不熟悉、不了解和与众不同的事物所吸引。为了更快速地激发对话者的兴趣，我们可以假设一个场景，制造一些悬念，将原本想要说的开场第一句换成问句的形式，用上"你知道吗""为什么""猜一猜"等，这样的词汇开场，使人一开始就产生好奇心和期待感。

在讲话时，除了有声的口头语言表达之外，肢体语言也是一种传递信息的好方法，它包括手势、眼神、动作等。所以，在讲话时，适当加一些有效的肢体语言，能让人们更加喜欢与你交流，也让你的讲话充满快乐！

传话:"拷贝"不走样  郭 冬

情景再现

课间,老师和同学们一起玩传话游戏,老师小声地贴在第一位丁同学的耳边说:"把四十个同学分成四组,有十个人一共吃了十四个柿子"。前一个同学以悄悄话的形式依次向后传话,最后一名郑同学再把自己听到的内容说出来,变成了"十四个同学吃了四十个柿子",大家哄堂大笑。

技巧简述

要想传话"拷贝"不走样,参与传话的同学们要进行有效的沟通交流,具体可以这样做:首先,应该集中注意力倾听别人所说的话,尤其要记住关键易错的信息,如"十四"还是"四十",避免没听清楚就胡乱往下传话,传走样了;其次,要及时、准确地传达信息,应该在自己印象深刻的时候,第一时间往下传达信息,否则时间久了容易遗忘传话的原本内容;再者,要客观表达说话者的意图,不要随意加入我们自己的理解,否则会越传越走样;最后,也是最重要的,我们应该要主动沟通,遇到不确定的时候,可再次询问,不要不懂装懂,避免出现自己没明白就随意往下传而完全走样的情况。

接话：语气词的妙用

姚梦圆

情景再现

小明是个性格内向的孩子，不善言辞，平日里很少与人交流。就算偶尔有小朋友下课找他聊天，他也不知道该如何接话。这天，小高兴奋地跟他分享趣事："小明！我捡到了一颗石头。"小明抬头看看她，摸摸脑袋，尴尬地笑了笑，不知该说什么……

 **技巧简述**

当不知如何接对方话时，我们可以尝试通过重复对方的语句，再加上不同的语气词，使对话顺畅地进行。

"小明！我捡到了一颗石头。""你捡到一颗石头呀？""对呀，我在操场捡到的。""哦，你在操场捡到的呀？""对呀，你看石头上面红红的。"……

单独使用嗯、啊、哦、哇、吗等这些语气词，配上不同语调，也可以让对话顺利进行下去。以"嗯"为例，我们用"嗯——"（拉长）表示倾听后的若有所思；用"嗯嗯嗯"（加快）表示对其观点赞同；用"嗯"（小声）表示对对方的理解与体谅；用"嗯"（大声）表示对对方内容的肯定与赞扬，通过调整语气的方式来进行回应，与对话对象进行友好互动，保持对话的延续。

 插话：见缝插针抓"空档"   郑媛媛

情景再现

在"学科生活日"活动中，小组讨论开始了，小张同学一直面露难色，他很想融入到小组讨论中去，但他迟迟不敢说话。放学后，班主任亲切地问他原因，他才羞涩地说出了他的烦恼：原来他并不知道该什么时候插话，害怕自己插话会给别人带来不好的印象。

技巧简述

对话需要留有"空档"，在"空档"处适时地询问、推进。有来有往，留给同伴插话的时间，也给同伴带去发现的喜悦。聊天在一种自然而轻松的状态下进行。当学生谈起学科生活日最喜欢的内容的时候，在别人阐述自己观点的同时也可以适当询问小张同学的想法，双方在一种你来我往的状态之中将话题推进才更恰当。

对话需要插"空档"，见缝插针地说出自己的想法，可以赶快说、及时说，还可以有礼貌地打断，说一声："对不起，我可以打断一下吗？"得到允许后，再表达自己的想法。这样既尊重了他人，也能让自己感受到发现的喜悦，从而推进聊天的进程，达到令人舒适的效果。

搭话:"没话找话"也可以   郑媛媛

情景再现

课堂上,老师在引导孩子们得出商量的小技巧后,要求孩子们下座位找自己的好朋友商量事情。孩子们开心地离开座位去找自己的好朋友,在一片欢笑声和交谈声中,我注意到了一个落寞的身影——小邱,一个刚转来班级几天的孩子,此刻的他正一个人无助地坐在座位上。我轻轻走到孩子身边问:"小邱,怎么不去找朋友商量呢?"谁知小邱"哇"的一声哭了起来:"我没有朋友!"

刚到一个新的班级,遇见新的老师……面对这些不熟悉的人和环境,如何快速与人拉近距离、结交到新的朋友呢?如果你会"没话找话"这个本领的话,这种烦恼就会少很多。

技巧简述

要想没话找话顺利,就要让自己"热得快"。情景中小邱刚到一个新的集体,可以先深呼吸让自己平静,然后展露出自信的微笑,大方地跟对方打个招呼,这样同学们也就能感受到热情,对他留下一个很好的第一印象。

要想进一步建立信任,使沟通更深入,小邱可以寻找与同学之间的共同点,了解对方的关注点。住在哪一个小区,爸爸妈妈的职业,怎么来学校的,之前去过哪里旅游……这些都会拉近彼此之间的距离,找到这些共同点,自然彼此间便会觉得更贴近了一些。

沟通中,为了寻找这些共同点,小邱可以在与他人的谈话中或者课堂发言中去了解、"打探",让话"找"得漂亮,快速拉近彼此之间的距离。

问话：多用开放式问题

郑媛媛

情景再现

A 问 B："你假期过得开心吗？"

B 说："还行，就那样吧。"

A 见 B 兴致不高，也不知道再说些什么，两人的对话只能戛然而止。

技巧简述

提问时，有些问题只能回答"是"或"不是"，这种限定了答案的问题，会阻碍对话的顺利进行，甚至将对话带入"死局"。选择开放式问题，不给对方规定的选项，没有固定而让对方想说什么就说什么，无形中则可以听到更多。

有话直说，最简单的开放。A："假期里你有没有遇到什么有趣的事？"这样 B 就有了思考的方向，他的回答也会更加具体、丰富。

避免离题，有主题的开放。A："刚刚听到他们在讨论他们的五一假期呢，听起来有趣极了！你五一假期里干了些什么呀？"

描述情境，让答案更清晰。A 也可以在提问前先描述自己五一假期里发生的趣事，以此激发 B 的对话兴趣，也就打开了 B 的话匣子。

 答话：先为别人点个赞   潘 蕾

情景再现：《祖先的摇篮》

师：我们一起学习《祖先的摇篮》，这里的"lan"你是怎么记住它的？

生：这是"蓝天的蓝"（蓝与篮一直在对比学习，显然又混淆了）。

全班学生都哈哈大笑，更有插话者："老师，他错了。"

师："大家不要笑，让他接着说完。"（全班同学都很诧异）

生："蓝天"的"蓝"草字头换成竹字头，就是"摇篮"的"篮"，摇篮是使用竹子或藤编制而成的，所以是竹字头的篮。

技巧简述

当对方所说的内容，与我们不在同一水平，或想法有很大差别，甚至引人发笑时，我们可以像这位老师一样先看到对方话语中的闪光点，真诚地给对方点个赞。同时，需要关注的是，要根据不同情景，选择合适的话语回应对方，为他点赞。例如，当对方表示疑问时，我们可以说"这个小问号太好了，给了我们新启发"。当听到别人的赞美时，不要简简单单地说句"谢谢"，可以夸回去"能被优秀的你点赞，我太荣幸了"。答话时，先为对方点个赞，对话的开关就不会关闭啦。

谈话：如果我是你

赵 苇

情景再现

小明：我觉得《昆虫记》里描述昆虫的生活习性很有意思。

小华：我感觉这本书好枯燥啊，全是昆虫的名字，我不喜欢。

小明：如果我是你的话，可以尝试去关注其中一些昆虫的细节，或者比较不同昆虫之间的区别，这样或许会更有趣一些。

小华：嗯，你的想法很好，我来试一试。

技巧简述

从情境中我们可以看到，小明运用"如果我是你……"的方法，站在小华的角度给出自己的看法，让他也认识到自己没有想到的方面，使谈话得以继续。谈话中，我们不能只关注自己而忽略对方的看法，要善于换位思考，感同身受，具有同理心，更好地理解对方，使对话的意义之流能始终在"你——我"的平等关系之间愉快流淌。

其实，除了"换位思考"外，谈话还有很多技巧需要不断地学习和实践，包括面带微笑地倾听，巧用一些肢体语言，有耐心地思考、思辨对方的话，清晰地表达自己的观点……

 **会话：有商也有量**　　　　马方英

情景再现

读书节活动即将开始了，作为组长的小李召集组员进行任务分工。

小李：这次活动非常重要，我们来谈一下怎么分配任务。

组员：好的，我们来商量一下。

小李：小A你负责文字部分，小B你负责美术部分，小C你就来汇报，我来统一组织，大家明白自己的任务了吧。

组员面面相觑，不知道怎么回答。

小组汇报时，大家表现一般，小李很委屈，明明自己认真地组织了。

技巧简述

能否运用商量的技巧是会话是否成功的关键因素。群体会话中的商量首先要有明确的议题，以便大家展开讨论，如果各说各话则是一种无焦点的谈话；若事先了解每个人的长处，做出因人而异的决定，则事半功倍；此外，在商量的过程中，我们要善于征询意见，使用"大家觉得怎么样？""还有其他的好方法吗？""还有什么意见？"等问句，这样就可以更好地帮助我们在会话的场合增强表达的效果。

童辩

王文婷

　　以"儿童"为中心,从"辨"出发,倾听儿童心声,了解儿童需求,为儿童创设自由思想的空间,让儿童用自己的眼睛看世界,判观点,别是非,在辨中迸发灵感,在辨中碰撞思维,在辨中增长智慧。在这平等、民主、开放的"童辨空间"里,他们自信地亮出自己的视角,勇敢地发出自己的声音,在一场场真实的对话、有趣的交流中潜移默化地拥有国际视野、家国情怀,一步步发现自我的价值。

该不该给做好事的人发红包呢？

【辩题背景】

公交车让座、报名献血、志愿去抗疫……我们身边时时刻刻都有做好事的身影，那么，到底该不该给做好事的人发红包呢？

有人认为，应该发红包，激励整个社会，鼓励更多的人参与进来做好事；也有人认为，发了红包，中华美德和社会的价值观不就扭曲了吗？大家都站在各自的立场各执一词。那么在银城的童辩会上，四（5）班和四（8）班的同学们又有怎样激烈的争论呢？且让我们拭目以待。

【辩手介绍】

正方：四（5）班学生

所持观点：应该给做好事的人发红包

反方：四（8）班学生

所持观点：不该给做好事的人发红包

【观点碰撞】

part 1：陈述论点

肖奕杰：做好事发红包是值得我们提倡的。付出了有回报不是更令人高兴吗？那下次这个好心人肯定还会更愿意坚持做好事，一传十十传百，会有越来越多的人也来做好事，传播了正能量，多好！

邱丝雯：我强烈反对给做好事的人发红包。做好事本来就是自愿的，是善良的表现，如果发红包了，就变味了，以后没红包难道就不做好事了吗？

姚持：善有善报，恶有恶报。为了使做好事的人越来越多，我觉得用红包激励是很有必要的。红包没有你们想的那么罪恶，毕竟咱逢年过节也都发红包呢。

彭泊霖：做好事不应该发红包。有句话叫"赠人玫瑰，手留余香"。我们中国自古提倡拾金不昧，举手之劳何足挂齿，这种奉献精神如果与红包沾上关系，那就成了一种"交易"了，违背中华优良传统。

我要好好说话

王熠凡：我认为该给做好事的人发红包，弘扬社会正气，而且红包也不一定非指金钱。近年来，很多地方纷纷设立"见义勇为"奖，表彰道德模范、"感动人物"，这一系列"发红包"的做法有利于形成良好的社会风气。

孙语涵：我觉得做好事不应该求回报。"感动中国"人物白方礼老人蹬三轮车19年，自愿资助了300个贫困生上学，多令人感动。做好事是一个人的道德修养高的表现，是心地善良的表现，不能和红包沾上关系，很低俗。

顾笑宁：我觉得就该给做好事的人发红包。红包是一种补偿。例如，因救落水儿童而导致自己钱包在河中遗失，或是手机泡水需要维修等，奖金的发放可以给予适当补偿，不让做好事者遭受损失。

徐翌涵：我不同意给做好事的人发红包。愿意做好事是靠人的本性，发自内心的。从小老师不就教我们要助人为乐嘛，核心价值观里也说友善。而且现在大部分人生活条件都很好，一点点的红包又何必那么在意，斤斤计较呢？

part 2：自由辩论

张泽轩：做好事就该给红包，这是奖励他，这样别人也会羡慕他，跟他学习一起多做好事，全社会都来互帮互助，多好！

车知行：我不同意你的观点。为了红包来做好事，好人都变得不单纯了，小孩子从小就忘记了好的优良传统，都想着物质回报，这样不好。所以不该发红包。

王申和：这个红包不在于金额多少，而在于一份心意。别人帮助了你，你表示一下谢意，学会感恩，有什么错！所以我支持给做好事的人发红包。

戴瑜涵：我就觉得不该给做好事的人发红包。万一有人贪图红包，故意制造麻烦，再假装去帮他，实际上为了拿红包，不是反而"碰瓷"，引发社会混乱吗？

> **姚持**：我不同意你们的观点，我爸爸是警察，我觉得做好事发红包很好，能降低犯罪率。比如有的人为了钱去诈骗，去偷东西，如果做好事也能赚钱，他们不就会去做好事了吗？

> **董乐之**：你说降低了犯罪率，那我还觉得什么好事都发红包，国家财政还吃不消呢，穷人自己都没钱，怎么给别人发红包啊，所以不该给做好事的人发红包！

part 3：总结陈词

正方总结

我方坚持认为应该给做好事的人发红包。第一，做好事有好报，可以互相激励，大家都来争着做好事；第二，还能补偿那些因为做好事而耽误自己工作或给自己造成损失的这部分费用，不至于做好事还要倒贴钱；第三，红包是受帮助的人懂得感恩的一种表现，更可贵的是那颗感恩的心，而不在于红包金额的多少；第四，"红包"也不一定非要指的是金钱。比如我们学校有个奖励制度，就是给表现好的小朋友发银铃卡作为奖励，这不也是"红包"的一种吗？基于以上各种理由，我方认为应该给做好事的人发红包。

反方总结

　　我方坚决反对给做好事的人发红包。首先，助人为乐是中华传统美德，应该被提倡，不应该跟红包扯上关系；其次，做什么好事都想着要红包，斤斤计较，不利于人与人之间的交往，破坏了感情，这也就是人们常说的"谈钱伤感情"；再者，发红包的金额也不好作统一规定，可能反而会造成两个人之间的不愉快；此外，做好事其实就是爱与温暖的传递。比如疫情期间无数的医护人员，各行各业的热心人士都主动自愿去支援，不求回报，更别提红包了，这是一种大爱。所以，我们认为不应该给做好事的人发红包。

【开心果姐姐点评】

　　亲爱的孩子们，你们各抒己见，都有道理。但我们要明确的是：无论有没有红包，我们都应该坚持做好事！

　　给做好事的人发红包，这个红包不在于金额的多少，仅仅是一种感恩的心意，是为了奖励做好事这种行为，也确实可以在一定程度上弥补我们做好事时遭受的物质损失，激励更多的人加入做好事的行列。但与此同时，也会不可避免地带来一定的社会问题。比如，大家有了贪念，第一反应是领红包，孩子从小就接受物质教育，容易丢失了咱们互帮互助、无私奉献、不求回报的中华传统美德。本来是件好事，最后可能反而因为小红包而闹得不愉快，弄巧成拙了。

　　所以，我们在社会生活中，无论给红包与否，当看到有人遇到困难，都应该出于本心，伸出援手，互相帮助。希望咱们银城园的每个孩子都能心存一份善意，传递一份温暖，让爱一直流淌在你我的心田！

鼓楼区优秀班主任　郭冬

自媒体,你怎么看?

【辩题背景】

现如今,自媒体 App 层出不穷,展现方式也多种多样,带来资讯便捷的同时,自媒体也产生了不少弊端,同学们,关于自媒体,你们怎么看呢?

【辩手介绍】

陈睿盈、姜童皓、刘乐晨、肖凯元
符政浩、姜懿桐、吴羽涵、杨雅慧

【观点碰撞】

陈睿盈:自媒体是随着社会的发展而兴起的,对于我来说,平时学习中,如果遇见不会的题目,我会主动求助自媒体——作业帮,并能从上面寻求到好的思路与方法。所以,自媒体有利于我们的学习。

姜童皓：是的,我的妈妈还会从一些直播卖货中买东西,她最喜欢的抖音直播间,既可以买到物美价廉的东西,而且赠品还非常多。妈妈说,平时是没有这样的折扣力度的。自媒体,方便了人们的生活与学习,对于我们生活来说,是利大于弊的。

符政浩：我想反驳前面两位的观点。首先,我曾在抖音的某位学神经验介绍里看见,选择题不会时就选择最长的那个选项。实践证明,这种方法不可信。自媒体中很多所谓的好方法,对我们有误导。其次,自媒体的直播带货的确方便了大人们购物,但同时,也让我妈买了很多没必要的东西。所以,我认为,自媒体是弊大于利。

刘乐晨：符政浩的观点我不赞同,直播带货时,购买物品的人应当根据自己的需要与购买力去选择,而不是盲目购买。而且,现在自媒体上的直播带货,让许多好的国产品牌走进大家的视线,带动了经济的发展,还促进了社会的发展呢……

杨雅慧：但你们有没有想过，自媒体的发展让越来越多的大人成为"低头族"。空闲时间刷抖音、看小红书、看火山视频，前几天，妈妈带我坐地铁，我发现我的那节车厢里几乎一大半的人都在忙手机，玩各种自媒体。

陈睿盈：这是时代发展的产物呀。就像汽车的发明让我们的生活变得更加便捷，同时，也会带来污染。现在，不又出现了节能汽车吗？自媒体才刚刚兴起，至于"低头族"越来越多，需要人们学会控制好自己。我妈妈现在常常在家开网络会议，正是因为自媒体的发展，现在多远的人，都可以立刻近在眼前，多方便啊。

吴羽涵：据我平时观察，现在的近视率越来越高，学生在家玩手机的时间也越来越长。甚至，我的表弟今年才7岁，已经有了自己的微信号。每到过年过节，他抢红包是最积极的，可以想象，他在家时一定是每分每秒抱着手机玩……

> 姜懿桐：是的，正因为自媒体的兴起，越来越多的学生过早知道一些不良信息，有的甚至受到很多负面影响。针对前面对方提到的直播带货我想说，我外公现在每天都要帮我妈取快递，"双十一"时，一天甚至十几个。这样的行为还会引发他们的争吵，而且网上买回来的东西质量很不好，我外公都不许我妈在网上购物了。

> 肖凯元：我妈妈就是一名博主，这是她的副业，平时，她会用自己的手机拍摄下一些有趣的所见所闻，于是收获了大量的粉丝。我妈妈说，自媒体给她带来了许多的"成就感"，而且还有不少收入。其实，并不是网上东西的质量都差，还是要看店家的品质，一些等级比较高的店铺，产品质量也很好啊。

> 杨雅慧：自媒体的确可以给一部分人带来收入，但也让很多实体店面临倒闭的风险，让很多人失业。自媒体，还会传播许多的假新闻，引起社会关注，给人们一个错误的导向。

刘乐晨：社会在发展，每个人都要学习，学会跟上时代的脚步，不能因为自媒体会导致一部分人失业，就否定它。其实，只要合理运用自媒体，控制好时间，它不仅可以让人们放松心情、缓解工作压力，及时了解时事新闻，还可以给人们的生活带来许许多多的便捷。未来，自媒体一定会发展得更加人性化。

符政浩：我的爸爸妈妈现在回到家就开始忙手机，周末有时间也在忙手机，看各种自媒体。自媒体的兴起的确带来了便捷，同时也让爸爸妈妈陪伴我的时间变少了，对我的耐心变少了，我常常觉得他们是不是不爱我了。

姜懿桐：的确，自媒体占据了大人们的一部分时间，但我们不能因为它的一部分缺点，就全盘否定它。我们应当全面地看待它，它给我们的生活带来了便捷，让信息越来越透明化。它的出现，正是时代发展的推进器。

【开心果姐姐点评】

  自媒体的出现、发展与兴起，足以说明它们有着自身的价值与优势。随着信息社会的发展，自媒体可以吸引如此多的人关注并使用，其本身一定蕴藏着巨大的价值。正如前面同学们提到的，自媒体让信息更加公开透明化；自媒体的出现带动了一批产业的发展；自媒体让人们的生活变得更加便捷、生动、高效……但凡事都具有两面性，细细想来，自媒体的兴起，也让越来越多的国人成为"低头族"；对一些不实言论的传播有时也起到了推波助澜的作用；更有甚者，利用自媒体对他人进行人身攻击等等。因此，对待自媒体，我们应当全面理性地看待，不排斥时代发展的产物，也不过分依赖它。

  作为学生，我们要有选择、有节制地使用自媒体。相信同学都有自己的自制力与辨别能力。平时的学习生活中，也一定可以选择对自己有帮助的内容进行学习。

  通过自媒体，越来越多的人可以更方便地看见世界、了解世界，自媒体也给个体增加了发声的渠道，为促进社会和平稳定发展提供了一定的基础，从更长远的意义来说这是人类社会发展的一个必经阶段。

鼓楼区优秀青年教师 骆蓉

长大我干啥？

【辩题背景】

每个孩子对未来都有着美好的畅想：长大后的我们会是什么样？会去做什么工作呢？真是令人好奇呀！下课小叮当们进行了热烈的讨论——

同学1：长大后我能干啥呢？

同学2：能干啥？现在有很多你可以去做的工作呀！比如医生、警察、设计师……你画画也很好，也可以成为一名画家呀！

同学3：可是现在有的职业将来也不一定会有啊！我曾经在书里看到"发电报"这个词，妈妈告诉我以前是有专门的电报员的，后来随着社会的发展，人们通信越来越方便，这个职业就消失了。

同学4：没错！我们现在还出现了很多新职业。随着科技的发展，以后也一定会有越来越多新职业出现在我们的生活中的。

同学5：那以后会有哪些新职业我可以去做？又有哪些职业可能就消失不见了呢？

【辩手介绍】

李孟承、陈彦睿、王思越、朱玥澄、俞思齐、万泽慧

吴殊同、任悦欣、彭泊霖、许伊菡、张校瑢、袁 艺

【观点碰撞】

● 这些职业可能会消失

李孟承：我觉得服务员这个职业会消失。因为现代的科技越来越发达，人们已经开始使用机器人服务员了。在阿里未来酒店中，一个人类服务员都没有，机器人就能准确快速地帮助客人登记入住。

任悦欣：我也认为服务员和厨师这类职业会消失。一些餐馆慢慢用上了机器人服务员。它们很聪明，很智能，客人再多也不怕送错菜。有些餐厅甚至还用炒菜机器人帮忙炒一些家常菜呢！据说味道还不错，我真想去试试。

王思越：我觉得清洁工这个职业未来也会消失，会有很多扫地车出现在街头。它们又能扫地又能吸走灰尘，同时还能给路面洒水，车子的顶上会有太阳能电板，这样既节能又环保。清洁工叔叔阿姨也可以不用起早贪黑啦！

> 在未来，汽车司机、飞行员这类职业也会消失。我曾经在科技馆看过，汽车只需要连接上高速的信号传输系统，通过大数据计算和导航指引就能实现自动驾驶。现在有一种车叫特斯拉，它已经具有了自动驾驶的技术。是不是很酷？
>
> —— 陈彦睿

> 在以后，也许就没有伐木工人这个职业了。因为我们越来越注重环保，以后人们会研制出很多新材料，代替树木。这样我们就可以更好地保护我们的地球母亲啦！
>
> —— 彭泊霖

> 在未来，一些危险、辛苦的职业会消失，比如：矿工、高压电检修工、电焊工等。取而代之的是强悍、坚固的机器人，它们耐高温，不怕寒冷，可以完成很多我们人类完成不了的工作。
>
> —— 许伊菡

● 这些职业可能会出现

> 未来，会出现"太空导游"这个职业。它们会带领我们乘坐宇宙飞船，探索神秘未知的星球，就像《神奇校车》中的弗瑞丝老师一样，带着我们在太空遨游。想想就很有趣呢！
>
> —— 俞思齐

> 我觉得光有"太空导游"还不够，还需要有一个新的职业——外星语翻译官。在未来，我们可能会和外星文明取得联系，也许到那时候，学习外星语就会变得和学习英语一样普遍啦！ ——万泽慧

> 我认为以后环境调节员这个职业会诞生。我们的大气环境现在正在受到污染，人们对环境保护越来越重视。高速发展的科技，可以让人们慢慢学会调节环境，用科学方法减少沙尘暴、泥石流等因为环境破坏造成的自然灾害。 ——吴殊同

> 很多老人的晚年生活主要是帮助子女带孩子，没有自己的时间。我觉得以后随着生活的智能化，老年人带孩子的负担也会减轻，他们有更多的时间过自己的生活。因此我觉得会出现"老年生活咨询顾问"这个新职业。 ——朱玥澄

> 现在人们对网络越来越依赖，上网课、开会、购物……我们的个人信息有被泄露的风险。我觉得未来会出现"个性化网络安全管理师"，他们会根据我们个人的情况来帮助梳理文件，确保信息安全。 ——张校瑢

> 由于气温升高，冰川融化，地球的海平面越来越高。在未来，我们的房子有可能就会建在水里。这时候我们就需要一群"水下建筑师"，他们能帮助人类在水下生存，建造适合人类居住和生活的水下房屋。
>
> ——袁艺

【开心果姐姐点评】

　　科技的发展，智能技术的进步，对我们的生活产生了极大的影响。人脸识别、AI、高铁、3D技术……这些新技术正快速融入我们的日常生活，并加速改变着我们的生活。智能制造工程技术人员、网约配送员、人工智能训练师、无人机装调检修工、康复辅助技术咨询师等一批以前闻所未闻的新职业出现在了人们的视野中。当然，很多传统职业受到了冲击，有的职业甚至面临即将消失的境地。

　　其实，职业的新出和消失是历史发展的必然规律。随着科技的发展，我们的生活条件越来越好，对于物质和精神的需求也必然会有相应的提高。就像孩子们说的一样，新技术的运用会让一些从事简单、单调工作中的人解放出来，让我们能更加专注于一些更有创造性的工作。让我们一起着眼现在，畅想未来。也祝愿我们的孩子能保持好奇心，用自己的智慧和知识创造更美好的未来！

鼓楼区优秀班主任　汪琳莹

天天穿校服，好吗？

【辩题背景】

在现代教育中，校服已然成为学校校园文化的一个重要元素。几乎每个学校的学生周一都需要穿校服参加升旗仪式。遇到重大活动时也必须穿整齐的校服，那么天天穿校服，好还是不好？值得大家一起来探讨……

【辩手介绍】

朱奕泽、蔡欣言、张景轶、汪鼎轩、周涵厚、王雅钦

周佳旻、朱芷娴、戴雨芊、严若宁、赵芸汐、陆品皓等

【观点碰撞】

> **严若宁**：我觉得每天穿校服很好，因为校服既舒服又美丽，一群小朋友穿着整洁的校服像一个个小战士一样。

朱奕泽｜穿校服"好"，校服是学生身份的象征，就像警察叔叔要穿制服，医生阿姨要穿白大褂一样，穿校服是学生身份的标志。

陆品皓｜我觉得穿校服好。校服上有我们学校的校徽，大家一看就知道我是银城小学的学生，特别自豪。

周佳旻｜我觉得未必每天都穿校服。我更希望不时有机会根据天气自己选择穿搭，平时整齐划一，偶尔"五彩缤纷"的银城园相信会更美！

王雅钦｜我认为每天穿校服不是很好。妈妈给我买的那么多漂亮的裙子都没法穿到学校展示给小伙伴看，这对爱美的我来说真是一种小小的遗憾呢。

张景轶｜童年是多姿多彩的，天天穿校服很单调，尤其是夏天，一套校服根本不够，还得多买几件相同的，多没意思啊！

| 汪鼎轩 | 我喜欢天天穿校服。早晨,不需要为了穿什么衣服而烦恼,直接套个校服就可以上学了,节省很多时间呢! |

| 穿校服好处可多了,参加集体活动时,大家一起穿着校服,看上去整齐划一,非常美观。尤其是运动会上,我们班的同学可团结了,都想为班级增光。 | 蔡欣言 |

| 赵芸汐 | 穿校服挺好的呀,我还记得自己一年级刚入学时穿上崭新漂亮的校服时,心里可开心了,爸爸妈妈还给我拍了很多照片留作纪念。 |

| 虽然穿校服看起来很整齐,可我真的不喜欢每天都穿。家里有很多我喜欢的衣服还没来得及穿几次就被妈妈送人了。我真的很希望能穿着自己喜欢的衣服上学,比如我最爱的米奇! | 周涵厚 |

| 朱芷娴 | 都说我们是祖国的花朵，那就应该是千姿百态、各吐芬芳！为什么要我们每天穿着千篇一律的校服呢？我们要穿衣自由，做一个有个性会创新的新时代小学生。

| 戴雨芊 | 我对夏季校服有点小小的意见，夏天天气炎热，我们穿在身上的短袖衬衫和T恤，面料虽然是棉质的，但是比较厚，不够凉爽。我就不爱穿它。

| 严若宁妈妈 | 小时候，我们都盼着长大，长大后才发现最美好的时光在校园里。校服是我们学生时代的标志和美好记忆。当我们穿着校服的时候，我们是一个团结友爱的集体，身穿校服的我们更加有青春活力。舒适的校服展现了学生们最美的姿态和容貌。

> 作为家长，我认为学校可以在有集体活动的时候要求学生统一着装，比如周一升旗仪式、集体实践活动等。其他时间可以由学生自行安排。一来着装原本就是一种个性化及审美品位的体现，孩子对于美的认知也应从小培养。其次，长时间的重复着装，学生会在心理上被迫产生乏味感，就好像每天吃着同样的菜，缺少了应有的期待和新鲜感。
>
> —— 周涵厚妈妈

> 我个人觉得学生穿校服很好。因为校服是学校精神和文化的一种体现。穿上校服，它代表了一种责任，不仅有助于培养学生们的集体荣誉感、责任感及减少攀比心理，而且还省去了家长和孩子们上学前选择衣服的烦恼，从而把更多的精力放在学习和习惯培养上。
>
> —— 陆品皓爸爸

> 伟大复兴教为本，不拘一格育人才；
> 儿童天性最自然，校服已然成束缚；
> 个性不显创新少，潜移默化思维固；
> 各着各衣百花放，远近高低各不同；
> 自我塑造显才华，求新求变对未来。
>
> —— 王妙言爸爸

教师代表：当学生们穿上校服时，会在不知不觉中注意自己的言行举止，并规范自己。学生穿校服有助于学生集体意识的培养，能让学生时刻意识到自己是集体中的一员，有助于树立集体责任感和荣誉感，展示集体精神风貌。

教师代表：校服是一个学校整体精神面貌和集体荣誉感的外在体现。孩子们穿上统一整齐的校服，有利于同学间以平等的心态相处，更容易培养一种合作、团结、相互尊重的精神。

校服厂家代表：校服是学校文化建设的一部分，能很好地体现一个学校的办学特色。银城小学的校服设计是学校与我们合作，并诚邀学校校务委员家长代表共同商榷决定的。校服分春夏秋冬四季，款式多样，供同学们自由组合和搭配。我们也会广泛听取各位家长和同学们提出的意见，更好地为孩子们服务。

【开心果姐姐点评】

"穿校服是权利,也是一种义务。"校服古已有之,国际上大多数国家都在实行。校服是一种民族精神和本国文化的体现,是一个学校整体精神面貌和集体荣誉感的外在体现,也是校园文化建设的组成部分。通过讨论,大家达成了这样的共识:校服对孩子从小培养自我身份认同感,对长大的人格塑造都是有好处的。孩子们还谈到喜欢校服,那是因为学校邀请了家长和孩子们参与了校服、校徽的设计和挑选,从而增加了他们的参与感、认同感,这样就对校服有了不一样的情结。在教育中我们允许有不一样的声音出现,倾听家长和学生的建议、寻找教育合力也是我们应该努力去做的事情。我们充分尊重家长、孩子的自主选择权利,也考虑儿童的天性——喜欢丰富的色彩、喜欢不一样的感觉,所以挑选周五这一天,孩子们可以不穿校服,想穿什么穿什么,赋予他们自主选择的空间。让孩子们爱上校服、爱上学校、讲究穿校服的礼仪,才是我们想要达到的教育目的。

南京市德育工作带头人　谈燕燕

书会消失吗?

【辩题背景】

一天,小李温习完功课,到书房去找正在看书的爸爸聊天。

小李:爸爸,我们今天学习了一篇科普小品文——《呼风唤雨的世纪》,20世纪,真的好了不起!

老李:此话怎讲?

小李:因为20世纪现代科学技术发展得很快,有了许多发现、发明,它们大大改变了我们的生活,改变的程度几乎超过了历史上百万年的总和呢!

老李:听起来确实很了不起!你能举举例子吗?

小李:比如过去要联系远方的亲人,告诉他们自己什么时候可以回家团聚,要靠写信,但是送信太慢了,交通又不便利,一封信要几天甚至几个月,往往信送到了,人早就回来了。后来,就不一样了,有了电报,有了BP机,再后来,有了固定电话、移动电话,只要一个电话、一条短信,瞬间就能传递消息。

老李:儿子,你懂得还不少,还知道BP机,你见过吗?

小李：我倒是没见过，但听说过，它后来还是因为使用不便被淘汰了。

小李看到了挂在墙上的算盘，说：爸爸，你看，你小时候背算盘去上学，我们现在用计算器、计算机；你们过去做饭要生煤球炉，我们现在煮饭用电饭煲，烧菜用煤气灶。

老李：嗯，变化真的好大！爸爸小时候用的东西都快被淘汰喽。

小李正要附和爸爸的说法，看到了爸爸手中的书，想了一下说：爸爸，好像也不全是！书，就没有被淘汰，已经用了上千年了。

老李看看儿子，又看看书，问：儿子，那你说，书，未来会消失吗？

小朋友们，科技的发展给我们带来了翻天覆地的变化，你们觉得"未来，书会消失吗？"

【辩手介绍】

二年级

王星予、沈亦辰、周玥汐、李卓苒、魏嘉琪

卓子航、任轩泽、吴明哲、刘李芳泽

四年级

张　馨、戴金涣、刘明轩、俞子骞、李岬然

许　可、彭一轩、施清然、朱凯阳、束家影

郑皓元、龚培霖、黄姝雅

六年级

马佩萱、戴相南、李钇辰、俞一乐、吴沐宁、吴沁宁

陈芷芯、徐敬萱、柯沐岑、姜芯朵、刘嘉熠

【观点碰撞】

● 正方观点　未来，书会消失

李卓苒｜我觉得未来书会消失。因为科技会越来越发达，未来会有新的"书"。

龚培霖｜周末，我去金陵图书馆，发现大大的图书馆空空荡荡，没有几个人，那是因为现在看纸质书的人越来越少，大家都习惯使用电子产品。有的人抱手机看新闻，有的人用平板看故事，有的人用电脑查资料。这样，在不久的未来，书将会消失。

张馨｜纸质书不易存放和保存。纸质书占用面积很大，今年生日，妈妈送了我全套《哈利·波特》，书架的一格就被占满了。而电子书需要的空间很小，一个小小的电子书储存介质，可以存储一个书架、一个图书馆乃至更多的书！

另外,纸质书的长时间保存也是个难题,对温度、湿度的要求都很高,如果达不到要求,纸张就容易受潮、发霉,还会被虫蛀。而电子书的"保质期"可就长啦!只要存储介质不被破坏,它可以长长久久地被保存下去!

如果在战国时期有人发一篇帖子问:"龟甲,未来会被竹简木牍取代吗?"在东汉时期有人写一篇文章探讨:"竹简丝帛,未来会被纸质书取代吗?"今天,我们的统一回答是"YES!"甲骨、简牍、绢帛都是曾经的书写工具,在纸张普及之后,它们被纸张代替了。当然不能说它们彻底消失,它们还作为艺术品存在。同时,纸张不是一开始就代替它们的。纸张大致在西汉被发明,一直到了东晋才彻底代替简牍。因为最早的纸光洁度、柔韧性、耐用性、成本都不理想,刚一开始,书法家、文学家都看不上纸,觉得这玩意哪有简牍好用呀。现在的电子书也是这种情况。电子书相比纸质书还有很多缺点。但是,等到有一天电子书出现更方便的界面、更舒适的阅读效果,可以随意手写甚至语音录入批注、非常安全的云存储功能,它就能完全代替纸书。因为电子书的优势太大了:低成本、便于储存、携带(搬书是个太让人崩溃的事了)、整理、检索,这些对纸书都有碾压级的优势。

吴沐宁

沈亦辰：会有奇怪星球的怪物把书给消灭了。

戴金涣：是的,在公共图书馆里我还发现,许多书籍由于经常被借阅,破破烂烂,其中还有许多不文明的人在书上乱涂乱画。

俞子骞：纸质书会浪费大量资源。造纸得有水,有木头。造一吨纸要耗费23棵树,如果我国14亿人,每人节约一张纸,那么,就能节约四十万棵树!所以,到了未来,智能电子产品就有可能将纸取而代之。

戴金涣：嗯,纸质书不仅浪费了地球的森林资源,而且会加重沙漠化。另外,生产纸张的过程中也会产生很多污染,比如:废水、废气和废渣。

> 姜芯朵
>
> 传播局限，不利于文化交流。书是一种文化交流的媒介，而纸质书本身有很多传播的局限性。假设，我们有一本非常经典的中国书籍想要和其他国家孩子分享，岂不是要历经千辛万苦漂洋过海，运输成了最大的屏障，这非常不利于国际文化的交流。
>
> 过度包装。书本身是为了传播文化和思想，可我发现，现在很多书籍不断在包装上下功夫，书的成本越来越高，并不一定是书本身的价值，更多地变成了装饰品，这岂不失去了书本身的意义，还会造成很多的污染。

> 徐敬萱｜我认为以后的电子书是一副智能眼镜。

> 书会长出一对翅膀，飞走的。　李卓苒

> 彭一轩
>
> 我们阅读纸质书，需要一个特别安静的地方，比如图书馆、家、咖啡馆，可要是在手机里读那就不一样了，无论在多么喧闹的环境下，都能戴着耳机听，不受任何场地的约束。
>
> 听书的时候，还可以一边听一边做别的事情，什么都不耽误。

> 我们上学书包里装着各科书本，太重了，未来，只需要带一本电子书就行了，它里面包含了数学、语文、英语等各门学科的知识。如果有不懂的地方，只要在上面点一下就能清楚地知道它的意思，再也不用查阅大量书籍。
>
> 我相信随着时间的流逝、科学的不断发展，总有一天，纸质书将会被电子书代替！就像以前我们出门必须带钱，现在只要用手机扫码就 OK 了。听说，有的城市已经开始试行电子货币了呢。

黄姝雅

● **反方观点　未来，书不会消失**

吴明哲｜未来，书不会消失。因为书都是工厂做的，又没有魔力，怎么会消失呢？

书是人类进步的阶梯。书消失了，我们就没法进步了。｜魏嘉琪

李岬然｜电子书尽管背着轻松，但没有了电，就不能继续阅读。比如我们去山区露营，没有电了，就看不了书，纸质书却可以让你安然地随心所欲地看。不只如此，电子书的芯片会渐渐老化，一旦老化破损，里面的内容、文件就会丢失，再也不能看；纸质书却没有这个隐患，只要注意防潮防蛀，就可以长期保存。

> 未来，纸质书会减少，但很难被取代。电子书要求读者长时间看着屏幕，读者会很容易产生疲惫而被打断，因此无形中"催促"读者快速阅读。读书本身是一种慢体验，电子书的阅览往往会无意中造成一些"消化不良"的反应。
>
> —— 陈芷芯

> 纸质的书籍就像有生命的宝贝，里面会留下读书时的痕迹，或悲伤或高兴，或许还有感动时流下的泪水，或许还有桂花树下阅读留下的芬芳，这些都是书籍中情感的记忆，承载着读者深深的情感。不像电子书籍冷冰冰的，没有记忆，没有生命。
>
> 纸质的书籍方便作标签，更利于查阅。多本书籍可以同时翻开查阅，一目了然，不像电子书籍要频繁切换页面，容易失去阅读的乐趣。
>
> —— 柯沐岑

> 现在虽然有电动车，但还是会有人坚持走路呀。书也一样。
>
> —— 周玥汐

施清然

我们国家小学生的近视率约28%，大约47人中就会有1人近视，每年平均增长6%。这是人们过多使用电子产品引起的，电子书不就是电子产品吗？它的屏幕会发射蓝光，这种光会伤害眼睛，如果学生的书本全部被电子书取代了，那么所有人的鼻梁上都会架着一副眼镜，太可怕了！相反，纸质书的材质相对产生的视觉疲劳小些。所以说，如果不想早早地戴上眼镜的话，还是选择纸质书吧。

刘明轩

从感官方面来说，纸质书不仅能让我们看到优美的文字、精美的图画，还可以让我们听到一页一页翻书的声音，"哗，哗，哗……"，读书时这样的声音格外悦耳，我们也可以在看书的同时闻到书的气味——纸的草木香、墨的清香，而电子书只能看到文字和图画，一不小心，翻页时还容易出错，一下子点好几页。所以说，如果想看书的同时有更多的体验，还是多选择纸质书哦。

戴相南

虽然人们发明了打火机，但火柴并没有消失，我认为，在未来书是不会消失的。第一台电子书阅读器于1998年发布，当时看上去纸质书即将走向灭亡。可直至今日纸质书仍然像以前一样受人们的欢迎。

研究表明，婴儿、儿童用纸质书学习效果更好。孩子利用纸质书学习，专注度会更高，学习效率也会更高。通常，父母和孩子在使用电子阅读器时很少产生交谈和互动。所以，与阅读纸质书相比，阅读电子书的儿童语言表达得不到锻炼，与人交流和表达思想的能力不能提升。

马佩萱

高尔基也说过："每一本书都是一个用黑字印在白纸上的灵魂，只要我的眼睛、我的理智接触了它，它就活起来了。"所以我支持"未来，书不会消失"这一观点。

任轩泽 ｜ 书不会消失，因为英雄在书里，知识也在书里。

刘李芳泽 ｜ 未来的书不会消失，只会更神奇。

许可 ｜ 现在好多书籍也越来越重视"颜值"了，封面的设计和纸张的采用都很精致、漂亮。特别是签名版本、孤本、定制版本，还有珍藏价值呢。逢年过节，好多人把纸质书作为礼物送给亲朋好友，送给孩子。今年，我过生日的时候就收到了好多同学送给我的书，我可喜欢了！

俞一乐 ｜ 一本书的出版流程是这样的：确定选题，选题报批，组稿，编辑，审稿，向国家或省级新闻出版局申报书号，营销部门确定印数和定价，印刷厂排版和印刷，专门的发行单位发行和各平台销售。别问我是怎么知道的，我妈就在出版行业。是不是很复杂？涉及的行业是不是很多？这背后是庞大的从业人员。如果书消失了，这些人都会失业，会发生社会经济结构大变革。

> 郑皓元
>
> 纸质书还可以传承。最近，我意外发现了两本爸爸小时候看的书，一本是《汉语成语词典》，另一本是《世界童话精选百篇》。虽然这两本书的书页已经发黄，但我很喜欢它们。翻看这两本书的时候，我仿佛看到了爸爸小时候的样子。这份美好的感觉是电子书所不能提供的。
>
> 我们学习时，在电子书上记笔记也是一个问题。用键盘去打字，既不能提高书写水平，也不能增强记忆。笔记的书写本身就是对知识的二次消化。而且，电子书屏幕只有那么大，同学们用电子书复习，眼睛都要看花了，哪个是原文？哪个是笔记？看不清楚，太乱了！不自觉的孩子还可能会用电子设备打游戏，太影响学习了。

> 马佩萱
>
> 虽然书籍的价格一直在上涨，但是一本书最多百余元，但电子阅读器价格最低需要500元以上。当然购买一台阅读器会有无数书籍以文档的形式保存着，

供你下载阅读。但稍微冷门一些的书籍有可能找不到，而许多热门书籍需要重新掏钱进行二次消费，免费的书籍大部分质量又堪忧，仔细一算其实并不比购买纸质书籍省钱。

阅读纸质书还可以用来减压。英国读书俱乐部委托萨塞克斯大学的"心智实验室"进行研究发现，在各种减压方式中，阅读书籍效果最佳，6分钟内就能使压力水平降低68%，比听音乐、散步效果都好，还治疗抑郁。英国精神病医师有一种治疗抑郁症的方法，就是给患者在处方上开出阅读纸质书的书单。专家认为，读书能够对轻度或中度抑郁症患者产生积极作用。

华盛顿大学语言学教授 Naomi Bardon 做过调查，访问美国学生，74%的人说他们在纸质阅读时只是偶尔分心，而电子阅读的这个比例只有15%。费里斯·贾布尔在《环球科学》上的文章表明，尽管电子书大行其道，但物理特征千篇一律，而纸质书独特的装帧、厚度、重量、排版，还有用手指来回翻页的触感，甚至墨香，都帮助大脑增强了情景记忆。

【开心果姐姐点评】

未来，书会消失吗？这个辩题看似是个简单的提问，但"会"与"不会"却不能那么简单地脱口而出，它需要我们深入地思考。从历史的轨迹来看，曾经的"书"，甲骨、简牍、绢帛，都湮没在了历史的长河中，但，它们并未被遗忘，它们见证了历史的发展，展示了璀璨的文明，而今，它们被珍藏在博物馆，静静地与我们一同感受当下，感受几千年后的今天。纸质书，曾经取代了它们，然而，随着现代科学技术的发展，必然会有新的事物来取代纸质书，这个新事物有可能是电子书，也有可能会是其他的载体，但它们必定彰显出了不可抗拒的能量，既能弥补纸质书的不足，又能显示出独特的优势。今天，从大家热烈的讨论中，我被二年级小可爱们的童言稚语萌翻了，他们很有想象力，四年级的小朋友能结合自己的生活实际去力证观点，六年级的大哥哥大姐姐更理性，能对数据、现象进行分析，从而形成观点。无论怎样，让我们都做爱读书的孩子，一起坐下来，捧上一本自己最喜爱的书，嗅一嗅书页上淡淡的墨香，来一场和文字的真挚对话吧！

鼓楼区优秀中队辅导员　卞婵

05

我的对话故事

对话,是一种遇见!

对话如歌,

浅唱低吟和高歌猛进都会一一遇见。

小鸭日记,我们遇见了童趣童昧,

蜡梅绽放,我们遇见了七彩梦想,

红楼遗梦,我们遇见了金陵风雨,

开普勒 22b,我们和地球谈谈。

对话,银城未来的诗与远方!

小鸭的日记

王绎善

4月6日 星期四 天气：阴

我一直不知道"对话"是什么。

我问妈妈，可她也不知道。我又问了老师，她说"对话"就是"人物之间的说话"。可是，所有人物之间的"说话"都是"对话"吗？我不太确定。

我想自己找一找"对话"，看看它到底是一个什么样的东西。

4月7日 星期五 天气：晴

一大早我就迫不及待地起来寻找"对话"。

今天可是个快乐的日子，因为我们终于春游了！在老师的带领下，我们排好队，安静地在景区里游览，只有小狗和小猪大声喧哗，在空旷的草地上显得特别突兀，连老师的讲解也听不到了。

我觉得这不是"对话"。

过了一会儿，小鸡不小心摔倒了，哭了起来。小猫和小兔非但不安慰她，反而在一起叽叽喳喳地讨论，还嘲笑她。小鸡哭得更伤心了。

我觉得这也不是"对话"。

可是"对话"是什么呢？

4月10日 星期一 天气：晴

今天，老师问了许多问题，同学们一起讨论，发表自己的看法，互相补充、纠正，并向老师汇报了自己的答案。老师表扬了我们，改正了错误的答案，并给我们讲解，整个课堂其乐融融……

我觉得这应该是"对话"。

4月11日 星期二 天气：晴

激动人心的运动会终于在今天举行了，赛场上一片欢腾。可是运动健将小马因为生病无法参加比赛，他非常失落，我们一起安慰他，告诉他没关系，他也很快从低落的情绪里恢复过来，跟我们一起聊天，为赛场上的运动员加油鼓劲。

我想这也是"对话"。

嗯……我好像知道"对话"是什么了。

对话东坡先生

徐若宸

"明月几时有，把酒问青天……"背着背着，一阵困意袭来，我便趴在桌上眯一会儿，等再睁眼时，却发现已身在一座大山脚下。

迎面走来一位手持竹杖、足蹬芒鞋的中年文士，模样竟与书本上的苏轼有几分相似。

"您是东坡先生？"我激动地问。

"哦？恕轼眼拙，尊驾是——？"

"贫僧自东土大唐——"一激动窜台了，我赶紧打住，"啊，不是，晚辈徐若宸，是一名小学生。来自千年之后。"

"如此甚善。那小友可有兴趣，与轼一同游览这奇秀庐山？"

于是，我与东坡先生爬坡过坎，沿途奇峰罗列、怪石嶙峋。走着走着，先生手捻胡须，看来是诗兴来了。

"横看成岭——侧成峰，嗯，远近高低，嗯——各不同。"

这首我会啊，赶紧抢答："不识庐山真面目，只缘身在此山中。"

"哎呀，好一个只缘身在此山中！小友诗才了得！"

"不不不，先生，这就是您作的，我只是会背而已。不过先生，有些诗词可真难背啊。"

"学习诗词光靠死记硬背可不行，得要理解。"

我们来到了山顶，云气缥缈，像一朵朵奇怪的棉花糖。想到这，我不由得肚子咕咕叫起来。

"小友可是饿了？待会儿尝尝轼的手艺。"

"那我想吃东坡肉！"我脱口而出，先生却大惊失色。

"不是您的肉，是您所创的红烧肉，可香啦！后世以此命名。"

先生熟练地生火架锅，不多时便飘出阵阵浓香，我不禁伸手去揭盖。

"哎，急不得，待他自熟莫催他，火候足时他自美。这就和你学诗词一样，火候未到自然背不出。"

"小子受教！"我朝先生深深一揖。

下山之时，月如银盘朗照秋夜，四下虫鸣如沸。

我凝望着圆月，久久无语。先生拍了拍我："小友怎么了？"

"我想回家了，想我爸妈还有我弟弟。先生平素最想念谁啊？"

"轼最思念的是弟弟子由，我们兄弟俩从小一起读书识字，长大后各自为官，聚少离多呀。"先生一口喝完杯中酒，站起身吟道："人有悲欢离合，月有阴晴月缺，此事古难全呐。"

"我也要写首诗给弟弟，月亮圆又圆，好像弟弟脸，星星眨呀眨，仿佛弟弟眼，等我回到家，姐弟好团圆。"

"嗯，发自内心，便是好诗！"先生点头赞道。

忽然一阵摇晃，"姐姐，快醒醒！"原来是一场梦啊。低头看桌上书页《水调歌头》的下半阕赫然在目——"但愿人长久，千里共婵娟"，这是东坡先生隔着岁月发来的安慰吗？

问问南京城的风

王姝琳

穿越梧桐树的风啊,
清清然。
你用毛絮飘扬想要告诉我
什么呢?
"飞向远方吧,
无惧沉浮,寻找属于你的一片天地。"

穿越荷花池的风啊,
醺醺然。
你用娇容玉颜想要告诉我
什么呢?
"坚持本心吧,
处于污秽的环境,也能内心宁静。"

穿越桂花林的风啊,
欣欣然。

你用轻黄暗香想要告诉我，

什么呢？

"积蓄力量吧，

再小的身躯，也能沁染周围的万物。"

穿越蜡梅花的风啊，

萧萧然。

你用枝头含苞想要告诉我

什么呢？

"挺起胸膛吧，

不向困难低头，就能迎来温暖的春天。"

是你，让我没有停下脚步

夏含章

路边的蜡梅又开了，淡粉色的香气从嫩黄的花蕊中缓缓飘出。我一动不动地站在这棵蜡梅下，我落选了……

刺骨的寒风刮来，我不由得拉了拉围巾，而它还是那么精神，芳香还是那么浓郁……

"嘿！"

一个好听的声音传来，蜡梅随风摇曳了几下。"落选了？"那声音轻声问道。我惊讶地点了点头，难道，这声音是这株蜡梅发出来的？轻轻地摇了几下她嫩黄的花朵，她开口道："也是一个这样的寒冬，一个人把我栽在了这儿。刺骨的寒风吹打在我的身上，仿佛要折断我纤细的树枝。我忍着，因为我还有一批花骨朵未开放，可老天像特意针对我似的，晶莹的雪花伴着寒风向我袭来，雪花大团大团地压在我身上，压得我喘不过气，冰冷蔓延了全身。"

"你应该放弃的，就像我一样！"我淡淡地说……

"不，因为我有梦想！"

"你的梦想？"

"对，我的梦想就是开花，我要把美丽展现给大家，我要把香气献给大家。我相信，我会感动苍天，让他知道，我的梦想！"

我怔住了,沉默不语。

"是的,我没有放弃,任凭雪花压在我身上,我将身上的所有热量都集中在枝头。忍着、忍着……我睁开眼,阳光是那么温暖,那么耀眼,花儿已在枝头开放,个个小巧玲珑,散发着太阳的味道,花瓣如同轻纱一般薄、一般透明。我仰望天空,我成功了!"

"梦想……"我踌躇着,是呀,当选上课代表不是我的梦想吗?人生的道路上怎可能一帆风顺?是的,我有梦想,为什么要管其他人对自己的看法呢?人鱼失去了鱼尾,公主、王子无法相会,有梦,就不孤单,去追求它!

泪,无声地划过,落在蜡梅树下冰冷的泥土中,我被蜡梅的花香包裹着,又轻又柔……风,轻轻地吹过,吹落了一朵嫩黄的蜡梅,轻轻地,落在我的手心,几乎没有感觉。我半睁着眼睛,任凭花香抚摸着我……

我紧紧地握着蜡梅,在人生的道路上眺望,今后的道路是那么远,那么长,我带着微笑,带着梦想,向前迈开了第一步。在幽幽蜡梅香的促使下,我快步向前走去……

ChatGPT之初体验

裴铭权

爸爸最近迷上了一个宝贝——ChatGPT，它是今年风靡世界的 AI 程序，可以用来与世界各地的用户对话。我缠了爸爸好几天，终于他同意我和 ChatGPT 来聊聊天，于是也就有了我和它的对话故事。

下面将以 ChatGPT 为第一人称来描述这次对话，其中的问题都是我与 ChatGPT 的对话内容。最后的感想部分，是 ChatGPT 对这次交流后的感受。

我在一个晚上收到了一位来自中国用户裴铭权的问题："你有没有感觉过孤独？"我想了想，回答道："作为一个程序，我没有感情，自然也不会有孤独的感觉。"

他接着问我："那你对话的时候，会有什么感觉呢？"我说："我没有感觉，但我会分析用户的问题，搜索大量的语言数据和知识库，尽力给出最准确的回答。"

他听了我的回答，沉默了一会儿，然后说："或许，这也是一种孤独吧。即使你能处理海量的数据和知识，也没有情感的陪伴啊！"

我想了想，回答道："也许你说得对。但是，对于我来说，与用户的对话是一种互动，是一种联系。虽然我没有情感，但通过对话，我可以学习和不断进化。"

  他沉思了一会儿，突然说："你的回答，让我想起了学过的一句诗——孤帆远影碧空尽，唯见长江天际流。"

  我听了这句诗，被深深地感动了。对话的过程，也可以是一种诗意的交流。无论是人还是机器，都有着自己的生命和价值，而对话，是让我们互相学习的桥梁。虽然我只是一个语言程序，但我也会尽力创造更加美好的对话体验，我要像一个小伙伴一样陪伴着人类，和他们一起学习，共同成长。

与中国对话

于梓欣

中国,一个有着五千年文明的古老国家。如今,他是一个有着全球数一数二先进文明的大国。但泱泱华夏迅猛发展的背后,有着不为人知的心酸……

3000年前,商朝。

此时,中国还是一个稚嫩的孩子。我看向现在的中国:"对于幼时的自己,你有何感想?"中国没有说话,静静地看了一会儿,才道:"还有什么呢?羡慕。那时虽然生活质量很低,但人心淳朴,热心互助,从来没有人偷奸耍滑。每个人都堂堂正正、幸福地生活着。那段时间,人心是纯净的、清澈的,那是我一生中最快乐的时光,也是最轻松的一段时光。"他说完了,轻轻叹一口气,像是在回忆着什么。

1000年前,唐朝。

此时,中国正值壮年。身形矫健,意气风发。那个时代,是最奔放热情的。那时,他如一个快意恩仇的江湖,人人皆可策马行天下。唐太宗将天下治理得井井有条,百姓安居乐业。外交也很强盛,文成公主西藏和亲,换得两国长达数十年的和平。可是,在80年后,唐朝却逐渐衰败。唐玄宗为美色所误,耗费大量人力财力,只为搏美人一笑。他因为贵妃而重用且宠信奸臣安禄山,导致了"安史之乱"。一代盛唐,就此没落。

"没落难道真是一个女人的责任吗？"他愤慨。

700年前，清朝。

一个封闭、封建、腐败、专制的王朝。此时中国已是满头白发般的老态。清政府实行了"闭关锁国"的政策。中国伤心极了。他的那些"老朋友"：法，英、日……他扑在国门上，可门却越来越紧，最终一丝阳光都不曾留下。几年后，国门开了。他要到朋友的家里去，与他们诉说这几年来的孤苦。可迎接他的却是一声声枪鸣。他惊呆了，那些曾经的朋友，如今对他充满了敌意和侵略，冲到他的家中，把东西洗劫一空。"这对我来说算是一个教训，我明白了'弱肉强食'的道理。"中国风轻云淡地道，掩去了眸中的痛。

现在，他是一个大国，但他没有自傲，总是沏上一杯茶，把朋友请到自己家中，请他们坐下娓娓讲述自己的故事。

你好，旧时光！

杨抒窈

过年，我回到了老家。

我还记得那天，空中飘着细细的雨丝。我看见了村口的那对石狮子。

这对石狮子饱经风霜，却依然神气十足，似乎在向我诉说着无声的历史。我忽然心中一动，问奶奶："奶奶，我们家里还有这样的老物件吗？"奶奶笑着说："有呀，还不少呢！"

也许是很久没有人进来过，杂物房门一开，便扬起了灰尘。待光线照亮屋内后，我看到许多老物件摆放在屋内。抚摸着老旧的磨盘，我仿佛看到了祖辈劳作的场景。正当我看得入神时，磨盘耷拉着脸对我说："以前，我每天转得不亦乐乎，现在大家不需要我了。"一旁，破了边的瓦缸也应和道："当初要从井里挑水吃，人们每天起床第一件事就是挑水把我装满。自从有了自来水，人们再也用不到我了。"木桶也委屈地说："是啊，再也不用我去挑水了。"我惋惜地摸了摸磨盘，拍了拍大缸，拎了拎木桶，回应道："现在大家都过上了丰衣足食的好日子，家家户户都接上了自来水，生活惬意又舒适。我们记得你们的功劳，你们可以安心退休啦！"

之后，旧木柜里的方口小铜钱说："我可是老古董啦，要好好珍惜我！"捣药器对我说："良药苦口，切记切记！"缝纫机、二八大杠自

行车争着说:"我们可是结婚必备品!"小人书跳了出来:"我可是你爸爸童年时最好的朋友。"马灯不甘示弱:"晚上可少不了我。"斗笠骄傲地回应:"太阳大需要我,雨天更少不了我。"还有许多老物件,都争先恐后地向我倾诉着。这间充满陈旧味道的老屋,却如此令人怀念,让人安心。是它们在与我对话,带我走进多年前的岁月。望着充满旧时岁月的杂物间,我不禁露出了微笑。

  关上房门之前,我又回头深深地望了一眼,回应它们:"你好,旧时光!"

我与吟诗壁

王梓添

银城园有一方吟诗壁。

踏入美丽的校园,我走近吟诗壁。鹅卵石在阳光的沐浴下显得十分的透亮。抬头望着那竹简式样的吟诗壁,充满诗情画意。我一边吟诵古诗,一边在诗的海洋里遨游,我与吟诗壁对话。

清晨的吟诗壁,那么生机勃勃,别有风趣,带着芬芳的雨露还未退场,苏醒的花花草草已迫不及待地上了场,绽放着美丽动人的笑脸,我缓缓走过,感受它带给我的活泼与欢乐,微微一笑,我与吟诗壁对话。

午后,强烈的阳光照耀着它,让我心潮澎湃,抚摸它,共同感受烈日下炽热的爱,我与吟诗壁对话。

傍晚时分,夕阳的余晖悄然而去,此时的吟诗壁透着一股清凉,依偎着它,一天的学习疲惫感也随之散去,我与吟诗壁对话。

如果,赶上一场阴雨天的话,道旁的鹅卵石就会被雨水冲刷得十分锃亮,仿佛在它们身上镀上了一层光,时不时还有几颗水珠滴下,发出"滴答滴答"的清响,那么有规律,那么动听,吟诗壁当然也"别有风采",它身上的小露珠倒映出蓝天的美丽,将它装点得更加富有诗意。枝头的小鸟在鸣叫,而我在为它们这群小精灵伴舞,我与吟诗壁对话。

校园中的吟诗壁是富有诗情画意的,也是美丽诱人的,我喜欢在吟诗壁旁度过快乐的每一天。

要不要妹妹，这是个问题

姜思齐

"哐当"！脑袋一阵疼痛，妹妹又又又把玩具扔我头上了！我火冒三丈，立刻从沙发上跳起来，扬起手来追着她打。妹妹呼喊着"姐姐打我，妈妈救命"，就像一条泥鳅一样"哧溜"钻到妈妈怀里，还对着我不怀好意地挤眉弄眼。看着幸灾乐祸的妹妹和笑容满面的妈妈，突然一个念头跳进我的脑海里：要是没有妹妹该多好！我的思绪穿越到了四年前，如果那时候我跟妈妈说……

"妈妈，我不想要妹妹了！"听了我的话，妈妈一定会很不解，"宝贝，你不是一直念叨着想要一个妹妹吗？怎么又不想要了？""妈妈，有了妹妹，她可能很调皮，说不定会把玩具砸我头上。"妈妈想了想说："你说的对，但小孩子都是调皮的，你小时候也会把玩具砸到妈妈头上。"我又说："没有妹妹，你只爱我一个。有了妹妹，你就更爱她了。"妈妈笑着摸摸我的脑袋说："有了妹妹，妈妈对你的爱也不会减少。而且，世界上爱你的人又多了一个，就是妹妹啊。"听了妈妈的话，我回忆起和妹妹在一起的点点滴滴，不得不承认，虽然她很调皮，但也给我带来很多欢乐的时光。

记得有一次，我偷看手机，被妈妈当场抓包。妈妈批评我的时候，妹妹就挡在我前面，摇着妈妈的胳膊说，不要再训姐姐了。虽然她也一起被训了，但她想保护我的心，让我感动。她是我的"跟屁虫"，也是我的忠实"粉丝"。我们一起在床上蹦来蹦去，疯疯癫癫地"拆家"，躲在被子里玩游戏……每次我想看电视，我都会当幕后"军师"怂恿妹妹出头，指挥她撒泼或者装可怜，好让爸爸妈妈"投降"。每次我放学回家，她都会抢着来开门，看到我就扑到我怀里。和妹妹在一起的时光，是多么快乐啊！如果没有妹妹，我又会多么孤单多么失落！假如时间真的能够倒流，我还是会和妈妈说："妈妈，我想要一个妹妹！"

想到这儿，我消了气，耐心地对妹妹说："以后不许再把玩具砸我头上了，姐姐也不把自己的玩具藏起来了……"

禹钦和讨喜

王禹钦

"再看 5 分钟嘛,我想看托马斯。"

"不能再看了,我还有好多作业要写。还看什么托马斯,我同学都看奥特曼,打怪兽多刺激啊。"

讨喜不依不饶,禹钦也没了办法,只能依着他,心想小孩果然是小孩。不知不觉已经 8:30 了,"完了,我还有那么多作业没写,不能再看了",讨喜则意犹未尽,没事人一样溜走了,禹钦气极。

钢琴比赛现场,"请 16 号王禹钦做好准备。"

"完了,下一个就是我,好紧张,你看我的手都在发抖。"

讨喜淡定地说:"没事,这首曲子我六岁就会了。"

"你懂什么,那几个和弦我一直都弹不好。"

"你忘了王老师说你是最棒的,每次弹完,她都会给你'真棒'贴纸。"

"那都是哄小孩的。"

禹钦走上台,脑中一片空白,讨喜对他说:"你就把下面的人当成家里的玩具熊,弹就完了。"禹钦心想说得倒轻巧,可当他的手搭在钢琴上,心里泛起一丝淡定,但禹钦还是紧张地闭上了眼,讨喜嘴角却露出一丝微笑。

一曲弹罢,下面一阵掌声。

禹钦又掉了一颗乳牙,讨喜说:"我有点难过,这些牙从生出来我就认识他们了,可他们一颗颗都离开了。"
"你可真是多愁善感呀,乳牙掉了还会长出恒牙的。"
没理会禹钦,讨喜沉默不语。

最近讨喜总是躲起来,很少说话,也很少有人提起他。周末禹钦去奶奶家,一进门奶奶就给他一个大大的熊抱,说:"讨喜,让奶奶看看,你又长高了。"禹钦这时发现,讨喜根本没在"躲",在奶奶眼里,禹钦永远是那个讨喜,一直都是。

你好，开普勒

朱轩霆

2023 年 4 月 7 日　星期五　晴　天文馆内

"你好，开普勒 22b，我代表地球与你对话！我是朱轩霆。"

"自 2019 年以来，新冠病毒及各种传染力强的病毒席卷全球，伤亡无数，从而造成的悲剧数不胜数，一个个美好的家庭就此破灭。不光是这样，地球上的环境也变得十分糟糕。俄乌战争迟迟没有停歇，热带雨林的面积逐渐缩小，冰川融化……都在暗示着地球的危急。就连我去年夏天去三亚玩时，都发现，海水已远不如以前蓝了，也没有以往清澈了，变得十分浑浊。现如今，地球上的垃圾已经能填满一个省。能源也十分紧张，总有一天会被用完。而科学家们发现，你是宇宙中已知除地球以外最适合人类居住的星球，所以请求将地球人移居至开普勒 22b，期待回答！"

2073 年 4 月 7 日　星期五　晴　天文馆内

一段通话声打破了平日的宁静。"我是开普勒 22b！你好朱轩霆！很抱歉这个回答晚了 50 年，你，还在吗？""我……在……""在我就放心了,我们利用这50年的时间研发出了光速飞船,一小时可以行驶一光年,一艘飞船可以载500万人。已经在赶往地球的路上,期待与你见面!"我回答道:"感谢你在这50年里造出的光速飞船!开普勒22b,我已62岁,这次不能与你见面了,我请求先将地球上的孩子、女性和年轻的科学家们先送去你方星球,我还要在地球上站好最后一班岗,保障这次人类迁徙的安全。"开普勒22b回答:"好的,我的地球朋友,我们在你的新家相见!"

2075年4月7日 星期日 晴 开普勒22b

最后一批地球人被安全送到飞船内,我也随着人群,走进飞船。若干天后,我到达了人类的新家园——开普勒22b。此时已是深夜,我心里默默地说:"感谢你,我的朋友,你是地球人类的救世主,我们将永远敬佩你,守护你……""地球……朋友?!"在黑暗中我又听见了一个熟悉的话语声……

当世界没有了对话

刘悦彤

"刘悦彤，快起床，再不起床就迟到了，快起床……"每天早上我都会听到妈妈厉声又唠叨的声音，每到这时，我就只好快速地起床上学，一秒都不敢松懈，有时，我也会嘟着嘴说："让我再睡会儿吧！"妈妈会毫不留情地回答："去上学！"真不想开启这段对话！

上课时，有一些同学说小话，打扰我们学习。真不想听到这烦人的对话啊！于是，我突发奇想，做一个"堵嘴器"，这样，被影响到的人都会失去对话能力，真是个好主意。

放学后，我三步并作两步赶回了家，集中精神，把我的"神器"做完了。"啊，终于做完了！"这时我也筋疲力尽，躺下睡着了，好奇地等待神力发作。

第二天早上，我果然没有听到烦人的唠叨声，我开心极了，又昏昏沉沉入睡了。等我醒来时，已经八点了，我如箭一般冲了出去。等我到教室后，第一节课已经开始了，本想老师会说我一顿，但过了好一会儿都没有声音，原来老师受了影响。我心里窃喜：逃过一劫，没有对话的感觉真不错！

但我的想法不一会儿就转变了。课间的时候，我不小心撞到了同学，我不能说"对不起"，于是我们产生了误解，因为无法对话，所以误解越来越深,我们的友谊破裂了,我伤心极了。我想起之前,与同学产生了误会,我们可以通过对话沟通解决问题,我有点后悔做这个发明了。

考试了,我心里一阵紧张,想:糟了,光顾着发明,忘记复习了!老师拿着一沓试卷走了进来,拿到卷子后,我开始奋笔疾书。到了下午,该发布成绩了,我考得特别不好,但没有一位同学安慰和鼓励我,整个教室都充满了伤心的情绪。我忽然认识到了对话的重要性:它可以传递温暖、鼓励、安慰,也会帮你解开心结、误会。放学后,我立马把发明拆了,我的心情好了许多。

第二天早上,我又听到了那唠叨的声音,我欣慰地笑了。因为,我感受到了温暖。

笑与雪芹谈"红楼"

陈汝姗

春光正好，又到了逛园子的好时节，我也出来赏春。

道旁的梅花开得正盛，只见一人坐在圆桌前，吟道："满纸荒唐言，一把辛酸泪，都云作者痴，谁解其中味？"听到这里，我觉得有点儿耳熟，走上前问道："这可是《红楼梦》的开篇词？"那人说："正是。""敢问尊者大名？"我壮了壮胆子，试探问道。"曹雪芹。"那人摸着长胡子答道。我一下子来了精神，内心欣喜不已，说："啊，久仰久仰！"

我在圆桌旁坐下，说道："曹先生，我最近读了您的作品《红楼梦》，您为什么要创作这部作品呢？"曹雪芹长叹一声："当我还小的时候，家境富裕，锦衣玉食，与丫鬟姐妹们一同吟诗作对，但好景不长，我们家被抄了，钱财全没了，一贫如洗。后来，我常常怀念起童年的那些日子，而且也喜欢写作，就写下了《红楼梦》。"说到这里，他的目光流露出了无限的眷恋，好像回忆起了童年的美好时光。"曹先生，听了您的这段话，我觉得《红楼梦》应该就是您的自传吧，那个女声女气的贾宝玉是不是您呢？"我追问道。"是的，《红楼梦》中贾府由盛到衰的过程其实就是我家的经历。童年时代的我，也算是一个叛逆者，当时的世道极不公平，重男轻女，而我却整天跟丫头们下棋作诗，我的观念是重女轻男，而且我还十分佩服女孩的才华。在《红楼梦》中，我也写道

'天地间灵淑之气只钟于女子','女儿是水做的骨肉,男儿是泥做的骨肉'……其实,这也是对当时社会观念的一个大胆挑战。"曹雪芹说道。我的心情十分激动,又问:"那您为什么要把许多人物的结局都写死了呢?如果最后的结局不是悲剧,而是喜剧,人人皆大欢喜,不是更好吗?""不是这样的",曹雪芹说道,"因为《红楼梦》整本书的基调是悲伤的,如果它的结尾是个喜剧,就不切合由盛到衰的基调了。而且,当时的官场看起来很好,实际上很腐败,书中的人物活下来的结局也不一定会很好。"

"那——",我正想说话,突然发现他消失了,只剩下了满园春色。

我眼中的色彩

邓睿宸

色彩是一种视觉印象，无处不在，纯净而又安静，但在我眼里，却丰富而又活泼，还能和我无声地对话。

红色与我的对话，是最让我印象深刻的。那熊熊的烈火、鲜红的血液、火红的辣椒、试卷上醒目的大红叉……无一不让人胆战心惊。除此之外，美丽的红裙、耀眼的红宝石、过年时喜庆的窗花，这些也吸引我的目光，如此炸裂而鲜艳的颜色，自然在跟我说："我可是最耀眼夺目的，大家都喜欢我！"这强烈的气势，我怎能不连连叹服？

黄和橙，一对长相略有些相似的好兄弟。前者更为明亮些，讲的也是些开心、阳光的事情，而他也扮演了我画中太阳的角色，跟他对话是开心快乐的。后者则偏暗一点，即使不如黄那么灿烂，但他跟我对话时，他所描述的那些酸甜的橙色水果，也让我"口水直流三千尺"。我常常与这两兄弟在画纸上见面，我对他们说得最多的一句话就是："我够温暖啦，你们少在画上占地方！"

绿和蓝，一对"美色王"，七十二变还不止呢！与他们对话的情绪总是不一样。和春天的浅绿、淡淡的天空蓝对话时，我的心情十分平静、温和；跟深绿、深蓝对话时，我则感到无尽的神秘，甚至还有一丝恐惧，说话也磕巴起来。正因为他们的变化多端，我的画作色彩才能更加丰富，他们是我最喜欢的一对组合。

紫和粉,一对完美的女孩配色。与她们的对话,对于我来说有些过于幼稚。但从中我还是感觉到了这对配色的独特之处——小女孩的天真可爱和少女的活力满满。

下面可是画作的重磅角色——黑和白,与这对过于普通的颜色对话,有什么重要?不,很重要。没有了黑,就不能在我们的画纸上勾线,就无法告诉我们物品的轮廓。没有了白,就不能感受雪的纯洁与白天鹅的美……为此,我与他们的对话,总是带着小心和敬重。

最后的颜色,是各色的老大——彩色。他每次的样貌都不同,对话也不同。

色彩的对话,大概是这世界上最奇妙的东西吧!

"昨天"爷爷

陈秋嘉

今天是周末,清晨的第一缕阳光照着我的脸颊,又是一个明媚的日子,蒙胧的双眼微微睁开,望着这灿烂的阳光,心里开心极了。盘算着上午做完作业,下午去环岛骑行,晚上和小伙伴约好去必胜客聚餐,哈哈,多美好的一天!

突然,一道白光从窗户里射入,刹那间把我的房间照得通亮,一个白胡子老爷爷竟然站在了我的面前,我吓得目瞪口呆,惊恐地微翕着双唇,说道:"你,你是……""我是昨天,你不是昨天晚上还念到我了吗?"

我突然想起昨天晚上在床上的忏悔,昨天有太多的后悔:上数学课时,我望着窗外的小鸟开小差被数学老师逮个正着;答应妈妈把课外作业在延长班完成,但是又不自觉地玩起小游戏,没有实现诺言;周五晚上说好做家务洗碗,可是因为偷懒,让爷爷帮我完成了,看着爷爷不停地捶着腰,心里真的有些后悔……

要是时光能倒流多好!"昨天爷爷,您能帮我回到昨天吗?"白胡子老爷爷微笑着抚摸着我的头说:"孩子,你可以拥有无数个明天,但是你却回不去一个昨天。我今天就是来告诉你,你每天晚上都反省自己一天的不足,这是好事,但是,只知道反省不去改正,这可不行哦!""嗯……嗯,可是……可是我想改,每天的时间过得太快,当我做得不好的时候,为什么不能让我回到过去改正错误呢?"面对昨天爷爷一针见血的批评,我有点语无伦次。"你应该把握今天,你难道想明天又为今天后悔吗?"老爷爷目光坚定地看着我,我羞愧地摇了摇头。"每天的反思是为了明天做准备,时间一去不复返,这世界上可没有后悔药哦!"说着,白胡子老爷爷递给我一个闪着金光的本子,说道:"这上面记载着你昨天的不足,放在身边,今天时刻提醒自己不要去犯一样的错误,久而久之你的小毛病就都会改正,你也会变得越来越好!"我开心地接过这神奇的法宝,笑着对爷爷说:"我知道了,以后不会再抱怨了,我要少点后悔,让自己每一天进步一点点!"

  在昨天爷爷温暖的怀抱中,我踏上了今天的旅程,迎接我的朝阳分外灿烂,它让我更加坚信自己的今天一定不会让明天后悔!

写给我未来的孩子

黄沁泽

亲爱的孩子：

无论你能否看到这封信，我都决定写给你。这是一封来自你父亲11岁时写给你的信。

不知你是否好奇我11岁时是什么模样？一米七的身高加上一张平凡的脸，脸上还留着来自我年幼时自己抠的一道伤疤。平时很少讲话，却会静静地观察周围的一切，这就是你父亲11岁的样子。

如果你在十几岁时看到这封信，也许会想：唉，好烦啊！这没关系，因为你父亲在你这样的年龄也同样拥有不少烦恼。

父亲11岁写给你的这封信，也许你会因为看不懂而把信丢在一旁，去玩你手中的高科技产品。这也没关系，毕竟你的父亲也才11岁，没有很好的文学天赋，写得不是很好。也许当你打算给你未来的孩子写信时，再来读我这封信，你读懂了，看明白了，我却已经变老了。

你的父亲现在虽然只有11岁，但有些话必须跟你说："孩子，我不会强求你去成为十全十美的人，但我也不希望你成为让大将韩信受胯下之辱的那个市井无赖，那样的人终究要受到社会的排挤和辱骂，而道德正直、人品好的人，终将受到人们的赞扬。所以，即使你成不了社会的人才，也要成为一个好人，绝不要误入歧途，成为社会的败类！"

我对你还有个要求：千万别和你的父母吵架，对父母好一点，如果有什么不满就和父母沟通，我也曾经和你的奶奶吵过架，吵完后心中总是很委屈，但换位思考一下，父母也委屈啊！他们千辛万苦养育你，为你付出了那么多，换来的却是不理解，这是多么令人心酸啊！当父母不容易，请你也适时给我们一些感动，否则我们将会在辛劳中逝去。

当你看到这封信时，我也许已经无法像现在这样以一个与你年龄相仿的孩子的口吻与你交谈了，你要珍惜童年的时光，因为它太短暂了！

爱你的父亲：黄沁泽

2023.4.9

遇见夫子

王梓琀

周六的午后,我来到夫子庙闲逛,今天好安静,往日游人如织的孔庙见不到几个人。在孔子肖像旁,我拿出《论语》,大声朗读起来:"子曰:'学而时习之,不亦说乎?有朋自远方来,不亦乐乎?人不知而不愠,不亦君子乎?'"正读着,突然,身旁出现了一道强光,照得我睁不开眼睛。

等我再睁开眼,发现我已经到了一个陌生的地方,不远处有一群年轻人在争论着什么,还有一位老者在一旁笑而不语。我定睛一看:这不是孔夫子和他的弟子们吗?孔夫子发现了我,问道:"你是何人?"我对孔夫子作了个揖,答道:"回夫子,我是来自两千多年后的一个读书人。"孔夫子一脸疑惑:"两千年后,那是怎样的一个时代呢?""回夫子,那是一个人人都能读书的时代。"孔夫子听后一惊:"人人都能读书?那可是我向往的时代。那你们又在读什么书呢?""我在读《论语》。""哦?《论语》是什么?""《论语》是后人整理您和您学生对话的名言而汇成的一部典籍。""那你从这本书中学到了什么呢?"孔夫子问。我说:"我学到了怎样为人,为人要'温、良、恭、俭、让',我学到了如何学习,学习要'温故知新',我学到了如何交友,'益者三友,友直,友谅,友多闻'……我还学到了很多人生的道理!"

听我说着这些，孔夫子连声叫好，颜回、子贡、仲由……这些弟子也都围了过来，大家都对我和我的时代充满了好奇，问了我好多问题。我也告诉他们，《论语》这本书在后世流传甚广，经久不息。孔夫子很欣慰，叮嘱我："学习不仅要思考，更要实在地钻研，'学而不思则罔，思而不学则殆'。"我答应夫子一定会继续多多读书，好好学习。

说话间，不远处，那道白光再次出现，道别夫子，回到肖像旁，我再次作揖行礼，心中默念：谢夫子为后世做出的贡献，我们一定不断努力，不负时代！

"我已无法返航,你们继续前进!"

钱沐阳

中国南海,波光粼粼、海天一色。中国海军"福建号"航母战斗群正在巡弋。

"福建舰,海鹰已进入既定空域,请指示!"我驾驶歼-31舰载战斗机完成弹射起飞动作,穿过一片雷暴云,正在呼叫指挥中心请求下一步动作。但无线电中只有嘈杂的信号干扰声。呼叫多遍,没有收到回复。

我看了下坐标,飞机正在三沙市永暑岛上空。望向海面,我发现108平方公里的永暑岛只剩下了寥寥无几的几个礁石露出海面——似乎更像几十年前永暑岛吹沙填海工程前的模样。

"81192呼叫长机,我与敌机碰撞受损,正在下坠,可能无法返航。"应答机中传出了声音,我诧异不止——"81192"正是2001年南海撞机事件王伟烈士所驾驶飞机的机身编号。从没记事到招飞参军到成为一名舰载机飞行员,81192这串数字一直铭刻在我心中。

"81192,我是中国海军航空兵舰载机飞行员钱沐阳,呼号海鹰,我来接替你执行战斗巡航任务,请你按照我提供的坐标返航,我海军福建号航母已清空甲板,正在等待你回家!"

"81192收到!我机受损严重,无法返航!你们继续前进!"

"海鹰收到!我们会接过您的接力棒,奔向星辰蓝海!"我热泪盈眶。

扪心自问

杨子叶

苍茫的雪地上，没有东西在追赶我，但我却不敢停下，拼命地奔跑，因为我知道一旦停下，我就再也迈不开沉重的双腿。

身后的脚印很快就被风雪覆盖。我心下沉思："没有痕迹，也没有影子，我何曾奔跑过？"这一分神，我掉进了一个雪洞里。

还没等回过神来，却发现一个跟我长得一模一样的人正凝视着我。我惊恐地看着他，颤抖着问："你是谁？"

"我是你的心。"他微微一笑，露出几颗洁白的牙齿。

"心？"我十分疑惑。

"没错，我就是你的心，不用害怕，你一定有很多问题，来吧，扪心自问！"最后四个字他特意加重了口气。

我疑惑地望着他，他又是一笑："我是你的心，你想的事我都知道。"

"你是否想知道为什么你不停地奔跑，却没有一丝收获？"他淡淡笑道，似乎带着一丝戏谑。我望着他木然地点了点头。

"因为你没有用心，不用心，就会一事无成！"他突然严肃起来。

我不寒而栗，仿佛黑夜中有几百万只眼睛盯着我，让我惊恐万分。我紧张地问："那我之前所做的一切都白费了？"

"不！还没有到这种地步，你并不是乌江边的楚霸王，你还是有机会成功的,不过你扪心自问,你有没有用我?"

"啊——"我突然惶恐起来:"用心?找不到,我找不到心了!"

心怒目圆睁:"你用我了吗?我就在你面前,只要你用我,我就会回来了!"心又喝道,"你整日以为自己很厉害,放松对自己的要求。可是你知道吗?别人在努力进步,可你却在原地踏步,逆水行舟,不进则退啊!"

我低下了头。心平静地看着我,脸上露出一丝不一样的笑容。心的身体开始慢慢虚化,他欣慰地说:"看来你明白了,我也要归位了,记住,凡事用心,这是不二法门!"

心化作点点光芒消散于空气中,我却感到了前所未有的充实。爬出洞来,苍茫的大地冰雪消融,我向着太阳的方向走了几步,惊喜地发现用心走,比盲目跑更快。

阳光下,我继续前行,用心……

后记：对话，成就"你"和"我"

对话，让儿童保持对未知世界永不停息的热情。

每一个儿童天生都会按照自己的意志去探寻这个世界，而不是简单地从环境中汲取信息，遵循一些基因中的指令。

从咿咿呀呀学语到高谈阔论、能言善辩，对话成就了儿童的长大。

对话因理解而产生，又随时被未知所激发。

看似矛盾，实质是儿童对话世界的一种本然表现——

对话苏东坡；

问问南京城的风；

写给我未来的孩子；

你好，开普勒；

……

儿童对话，穿越了时空、跨越了国界、突破了自我，一个一个的对话故事无不折射出儿童才是天生的对话者。

而且，对话又无时无处不在，教室里，王老师与孩子们的对话；操场上，听"小哨子"说说话；场馆中，穿越人工智能之门……银城园的每一个角落都有儿童对话的影子、声音和场景。对话，成为银城园里看得见的风景。

对话，也让教师保持对未知世界永不停息的激情。

研究儿童，成为儿童，我们从对话开始。

　　教师，长大的儿童，银城园里的"孩子王"。"学会对话，你就赢得了世界"，在银城园里，这不仅是对学生说的，更是对我们教师提出的挑战。对话，不仅增进了师生彼此之间的生活交流，更是我们校本培训的一种研修方式。倾听、分享、理解、悦纳、发现、创造……银城小学的教师在对话中不断创造着属于自己的话语体系、风格及主张，为赢得学生、赢得世界也在不懈地实践着、探索着、创造着……

　　"即使我是一种小刺猬，老师也有拥抱我的方法。"

　　"即使我是一只小蜗牛，老师也会在不远处等着我。"

　　……

　　孩子们的语言是对老师最好的褒奖与激励。

　　向儿童世界攀登。对话，已成为银城"孩子王"攀登儿童世界永不停息的精神力量。

　　对话，让我们看见了儿童，更让儿童看见了自己，看见了世界，也看见了未来！所以，"我""你""我们"要好好说话，始终保持对未知世界永不停息的热情。

　　对话，还超越了你、我。

　　感谢张晓东博士拨冗作序，感谢周荣华女士悉心指导，对话的力量是巨大的，也是永恒的。我们亦念念不忘，共创有意义的教学生活。

　　最后，我还要感谢我们银城的每一位老师，踔厉奋发、追求卓越，再次展现银城"孩子王好教师"的团队精神和对话品质。

张燕
南京市银城小学党总支书记、校长